August Maurer

LEIPZIG IM TAUMEL

Nach Originalbriefen eines reisenden Edelmanns

1988
INSEL-VERLAG

Herausgegeben mit dem Nachwort
›Leipzig im Taumel um ein Buch‹
von Eberhard Wesemann

ISBN 3-7351-0114-3

Nötige Erinnerungen, um den Herausgeber im voraus schon vor Rad und Galgen zu sichern!

Ich würde einen unverzeihlichen Eingriff in die Rechte eines Mannes, des Herrn v. N. N., tun, wenn ich mir Eigendünkel und Prätension genug erlaubte, mich rühmen zu wollen, als habe ich in eigner Person und mit meinen eigenen scharfsehenden Augen alle die offenbaren und zur Zeit noch geheimen Dinge ersehen, welche einem neugierigen und leselustigen Publikum für gut sächsisch Geld hiermit und andurch öffentlich preisgegeben werden.

Nein! Ehre dem Ehre gebührt; und ich glaube, daß es doch immer auch in gewisser Hinsicht nicht wenig Ehre macht, alles das aufzufangen, zu durchschauen und genau und richtig zu übersehen, was dem forschenden Auge bald sichtbarer, bald versteckter und dunkler sich darzubieten pflegt. So mancher vor dem Herrn v. N. N. war ja ebenfalls in Leipzig, ging und fuhr herum wie jener, kam in Gesellschaften und Assembleen mehr noch wie er (denn unter uns gesagt: man traute schon beim ersten Eintritt den Augen des Herrn v. N. N. nicht viel Gutes zu, und im Hallischen Tore, als die Herren Visitatoren ihn anhielten, machten sie sogar aus seinen listigen und schalkhaften Blicken den weisen Schluß: er sei ein maskierter französischer Spion; nur mit vieler Mühe und rasendem Geldaufwand ward er endlich dennoch ein lauer Hausfreund in der Familie L.) und – sahe nichts! Herr v. N. N. sahe in den ersten Tagen nach seiner glücklichen Ankunft, selbst mitten im dicken Dunstkreise der Leipziger Welt, mehr närrische Dinge, als mancher Astronomus beim günstigsten Wetter und auf der herrlichsten Warte am wolkenlosen Himmel nur immer Sterne sieht; er behielt sie in einem treuen fleißigen Herzen, und auch da, als er schon wieder zwanzig Meilen von Leipzig entfernt war, rief er immer seinem Reisegefährten noch zu: Freund, Sie müssen Leipzig sehen; so viel Tolles ist Ihnen gewiß noch nicht vorgekommen; – man gibt ja wohl für das minutenlange Anschauen eines fremden Tieres acht Groschen, – und um Leipzig zu sehn, und es ganz zu sehen, wie es eigentlich gesehen werden muß, das heißt in seiner Nacktheit und Blöße, – o Freund, da darf Sie der Verlust eines ganzen Kapitales nicht reuen, – denn dann wissen Sie erst, was Welt und Menschen sind, was ihre Tollheit vermag!

Herr v. N. N. drang in Mysterien ein und ward bald ein so hoch Geweihter, daß er selbst über seine Einsichten erstaunte; doch dieser wirklich adelige Mann war behutsam und schonend, und niemand, selbst sein intimster Busenfreund, Baron von H., nicht, erfuhr seine gemachten Entdeckungen, ja, nur sein vor zwei Monaten erfolgter Tod erst gab uns den Schlüssel zu diesem kostbaren Archive. Doch bisher ehrten wir noch des Verblichenen Wünsche und hielten der Publizität ein Werk vor, das wohl verdiente, in den Händen jedes Weisen und jedes Toren zu sein. Es faßt die unschätzbarsten Denkmäler in sich, wie weit besonders Tollheit, Eigendünkel, Prachtsucht und Mode den Erdensohn verleiten und an welche Abgründe, in welche Labyrinthe sie den Trunkenen dann führen, wenn er, innern und äußern Antrieb verachtend, nur ewig dem Strome folgt, der den Elenden einst dennoch untertaucht, murmelnd seine Wellen über ihn zusammenschlägt, seinen Ungeheuern ihn preisgibt und – die zerfressenen Überreste dann hohnlächelnd ans Land spült! Welt, du würdest sonderbare, würdest schreckliche Dinge erfahren! Des Verblichenen Aug drang in die geheimsten verborgensten Winkel; drang in das Schlafgemach der treulosen Gattin wie in die Unzuchtkammer des sodomitischen Buben. Es sah die Feder des parteiischen Gerichtsnotars und Schöppenschreibers führen, wenn ihr untertänigster Bericht ad Serenissimum den Rechten des Armen – der freilich nicht wie sein reicher Gegner mit voller Hand die rechte Schmiede finden konnte – den letzten Todesstoß versetzte. Auch in die Audienzzimmer der Herren der Signoria huschte er, ein zweiter Abellino, hinein und hörte die Berichte ihrer Spions über die Vorfallenheiten des gestrigen Tages. Ungesehen saß er in der Werkstatt des Urteilsverfassers, der über falsche Relationen meditierte, aus dem Verfahren des armen Cajus tötendes Gift saugte, indem Titius ins Zimmer trat, einen Beutel mit zwanzig Goldstücken auf die Akten warf, daß denn Cajus hierauf wie billig abgewiesen, in alle Kosten kondemniert, dem sechzehnlötigen Titius aber der Eid zugeschoben wurde, den Cajus schwören sollte, und – Cajus endlich betteln ging.

Doch wo drang sein scharfes Aug nicht alles hin? Ich will jetzt schweigen, denn gezwungen muß ich doch vielleicht einst alles entdecken, und wehe dann manchem Weibe, manchem Senator, manchem Stadtrichter und Schöppen, und – manchem geistlichen Glatzkopf!

Baron v. H. ist, wie viele seines Standes, ein luftiger Windhund, ein Freudenjäger, zuweilen ein Ball seiner rasch lodernden Leidenschaft, zuweilen ein Trunkenbold, Spieler, Hurer, alles, ohne jedoch eins von ihnen allen in der Tat und von Profession zu sein, aber – sonderbar! – doch zuweilen auch der beste Mensch unter der Sonne.

Herr v. N. N. hingegen war durchaus solid, stets ernst und männlich, ganz vorzüglich ein Feind jedes groben Lasters, jedes Drucks, jeder Tyrannei, jeder Kabale und Intrige, dafür aber ein desto wärmerer Freund des Lichts, der unübertünchten Wahrheit, des freien Sinnes, der Offenheit im Denken und Handeln, doch aber freudetrunken unter jubelnden, gesellig unter frohen Gesellschaftern, und zuwenig Misanthrop, um nie seine ernste Miene zu einem heitern Lächeln zu formen. Allein bei allen den sonst so edeln Eigenschaften konnte man doch nicht umhin, dem Herrn v. N. N. über eine gewisse unersättliche, oft ganz übertriebene unzeitige Neugierde, über sein allzu emsiges Forschen nach Schwächen und Mängel und endlich über seine bitterbeißende und gallsüchtige Satire zuweilen die gerechtesten Vorwürfe zu machen.

Herr v. N. N. reisete von Berlin nach Leipzig, und zwar im Winter. Baron v. H. war im voraus entzückt, von einem fremden Platze, von dem er längst schon, doch nur so obiter, manches scharmante Histörchen gehört hatte, durch seinen forschenden Freund bestimmtere Nachrichten der Art zu erhalten, wie sie ganz vorzüglich seinen Neigungen schmeichelten und wie sie besonders in die Lieblingsideen einschlugen, nach deren Bereicherung er Tag und Nacht mit Geist und Körper geizte: Divertissementsplätze, andere öffentliche Orte und Mädchenaffären waren die Gegenstände seines unaufhörlichen Forschens; was Wunder, daß Baron v. H. so oft seinen Stand verleugnete, in einen abgetragenen Soldatenkittel sich hüllte, um desto unerkannter in die niedrigsten, schmutzigsten Höhlen zu kriechen! Was Wunder, daß bald in Berlin kein Loch mehr aufzufinden war, das er nicht gekannt, nach allen seinen Eigenheiten haarklein zergliedert hätte, und auf diesem Wege nur zu bald ein lebendiger Katalogus aller Berliner Schlupfwinkel wurde!

Kaum hatte Baron v. H. nach Uhr und Postkarte ausgerechnet, daß sein Freund in Leipzig angekommen sein könne, so bombardierte er ihn auch schon mit einem ellenlangen Briefe und erwartete mit dem nächsten Posttage einen Bericht von allen Leipziger

Hotels, Gärten und Mädchen. Zwar nicht mit einmal, doch nach und nach; und desto völliger und reichhaltiger wurde sein Verlangen befriedigt. Herr v. N. N. schrieb seinem Freunde alles, was er sah, aber von dem, was er hörte, nur das, was er oft, einstimmig und von Männern hörte, auf deren Truglosigkeit er alles rechnen konnte.

Kaum war Herr v. N. N. zur Erde bestattet, so schrieb mir Baron v. H. seine Meinung und deklarierte den Wunsch, eine Materie bearbeitet zu sehen, die bisher wohl noch nie oder doch wenigstens immer nur auf eine Art zur Sprache kam, wo man aus den erhabenen triftigen Widersprüchen schon abnehmen konnte, wie wenig der Verfasser seine Nachrichten geprüft, wie wenig – und wie wenig richtig – er mit eigenen Augen gesehen und nur alles niedergeschrieben habe, was Dummheit, blinder Glaube und die Anhänglichkeit an eine grund- und hirnlose Tadelsucht nur immer Verstümmeltes und Verschrobenes ihm eingaben. – Der Wunsch des Herrn Barons ist gerecht, der Gegenstand nicht ganz uninteressant und der Zweck – ursprünglich derselbe, den man bei jeder Erzählung beabsichtiget, die sich über wirkliche Ideale verbreitet und nicht in Sphären herumschweift, welche am Ende ihre Begeisterten so schrecklich verlassen und wohl gar, wenn's zu arg wird, dem öffentlichen Gelächter und einer für Unsinnige angemessenen Strafe preisgeben.

Ich Endesgesetzter für meine Person habe also um diese ganze gegenwärtige Abhandlung das einzige

Verdienst, daß ich jene Briefe sorgsam ordnete, zwei bis drei derselben in einen einzigen verwandelte, übertriebene Schilderungen, welche mir nach einer kleinen Überspannung der aufgebrachten Sinne zu riechen schienen, hinwegstrich, und das Ganze denn endlich in ein Gewand hüllte, wie es sämtliche hochzuvenerierende Leser und respektive Leserinnen hier vor sich liegen sehen. Abgewichen bin ich von der Quelle nie, habe nicht augmentiert, vielmehr, wie schon erwähnt worden, gestrichen, dem Kinde einen Namen gegeben und nun bis zu dem Zeitpunkte, wo wir uns in einem zweiten Bande über wichtigere Dinge besprechen, meines Herzdrückens mich entledigt. Valete et favete linguis.

H. im Monat Mai 1799

Ernestus Gotofredus
Lagophthalmus

Erster Brief

Nein! So fürchterlich mag wohl selbst der geizigste Buchhändler kaum den armen Übersetzer bombardieren, auch wenn er schon zwanzig Taler pränumerando bezahlt haben sollte, als du mich, der ich doch ganz eigentlich aus bloßer Gefälligkeit diene, mit deiner ungestümen Aufforderung übereilst, – mich, der ich wahrlich seit zwei Tagen erst hier angekommen bin.

Nein, lieber Baron, so schnell wie du erwartest, kann ich ohnmöglich mit meinen Nachrichten dienen, und dir Lügen aufzuheften, weißt du ja aus vielfältiger Erfahrung, ist meine Sache nicht; sie schänden den ehrlichen Mann und setzen ihn oft nur zu tief unter seine Würde herunter. Laß mir also Muße, und ich hoffe, es soll dir schon bei Lesung meines nächsten Briefes nicht gereuen, mir diesen kleinen Akkord nachsichtsvoll bewilliget zu haben. In alle Winkel will ich kriechen, jedes, auch das verrufenste Loch will ich besteigen, und wär's in der groteskesten Verkleidung, wär's auch mitten im Dunkel der verdächtigen Nacht, – ich habe mein Wort nun einmal gegeben und darf es nicht brechen, sonst mögte bei meiner Rückkunft der Willkommen wohl nicht so freundschaftlich ausfallen, als ich ihn von dir nun einmal gewohnt bin. – Nicht wahr, so würde es werden, lieber Baron?

Bei meiner Ankunft im Hallischen Tor, wo ich, Gott weiß, warum, ebenfalls mein Teil in eine blecherne Büchse steuern mußte und wo die Herren Aufwärter und Visitatoren, des öftern Fingerklopfens des Kriegsrat Müllers ohnerachtet, noch immer dieselben Flegels sind, die sie sonst waren, und von dem sanften Winde, der, Gott sei Dank, jetzt in den innern Toren weht (und der es nicht mehr erlaubt, in Ermangelung des nötigen Groschens Schnupftücher und Taschenmesser in einstweiligem Arreste zu behalten), durchaus sich nicht abkühlen lassen wollen, erfuhr ich denn, daß schon seit zwei Tagen die Neujahrmesse ihren Anfang genommen habe. Mein Postillion riet mir wohlmeinend, die undankbare Mühe zu ersparen, die notwendig aus dem Bestreben erwachsen müßte, in einem Hotel der innern Stadt ein angemessenes Quartier für mich und meinen treuen Jakob zu suchen; in den ersten Tagen der angehenden Messe sei alles besetzt, und nur die mit einem Reichstaler verbundene Ordre an einen Lohnbedienten allein würde es vermögen, daß in einigen Tagen wenigstens recht acceptable für mich und meine Bequemlichkeit gesorgt sein könne.

Ich ließ mir dies, wiewohl ungern, gefallen, denn die Gasse, die wir soeben passierten und in welcher der einstweilen angepriesene Gasthof befindlich sein sollte, duftete mir schon von weitem sehr unannehmlich entgegen; der Geruch sowie die auf dieser Gasse herumwandelnden Menschen waren gleich sonderbar und verschieden, doch Gerberfelle und der

Weihrauch eines eben ausgemisteten Schweinstalles, vereint mit dem ausgesuchtesten, aus kleinen Stummelpfeifen dampfenden Kneller, brachten ein so liebliches und sanftes Gemisch in die gleichsam fühlbare und schwerfällige Atmosphäre, daß ich hier das erstemal zum Petit maître ward, mein Schnupftuch hervorsuchte, es über Mund und Nase hielt und so verpanzert denn endlich im Schwarzen Kreuze aus meiner Chaise stieg.*

Auch hier hätte vielleicht ein jeder andere an meiner Stelle von den ersten Aussichten, die sich mir darboten, eine sehr üble Schlußfolge auf die übrige Bewirtung gezogen, denn der widrige Anblick zerlumpter russischer und polnischer Knechte, deren entfernte Witterung schon gar häßlich in der deutschen Nase krübelt, und das Gekreisch ihrer rauhheisern Gurgeln sowie das struppige Waldgebüsch ihrer borstigen Köpfe, auf denen der schießlustige Weidemann zu jeder Jahrszeit ein wohlbesetztes Jagdrevier antrifft, konnten mich gar nicht verleiden, ein Hausgenosse dieser schmutzigen Ausländer zu werden.

Doch die Ankunft des Wirts, eines unter so saubern

---

* Anmerkung des Herausgebers: Mich nimmt's baß wunder, daß der Leipziger zuckersüße Rat mit seinen dünnen Nasenlöchern wider diesen innern Gestank noch keine Klage erhoben hat, wie etwa gegen den der Wachsfabrikanten vor den Toren. Wehe euch dann, ihr armen Gerbergäßler!

Zuspruchs noch nicht ganz russisch gewordenen Mannes, versüßte meine und meines Jakobs gallenbittere Erwartungen, und in wenig Augenblicken waren wir samt unsern Habseligkeiten auf einem Zimmer, das zwar nicht prachtvoll und elegant, doch aber reinlich, sauber und mit einer Tür versehen war, an derem äußern Schloß und innern Riegeln man wohl abnehmen mochte, daß dem Herrn Dost (des Wirts Name) sehr wenig daran gelegen sei, wenn seine Gäste über vermißte Uhren, Ringe, Geschmeide und über gestohlene Laubtaler klagten.

O lieber Baron, wie sehnte ich mich nach sanfter Ruhe!

Ein Stubenmädchen erschien, überzog mein Bett mit einem weißgewaschnen Überzug, ach, und ihre Hände allein hättest du sehen sollen, wahrlich, du wärest dem artigen Mädchen in ihrer Arbeit ein Beispringer geworden, denn so viele schöne, runde, volle und emporstrebende Reize sah ich noch nie; Himmel! wie mußte ich meine Philosophie weidlich anspornen. Gewiß, sie lag sonst in wenig Augenblikken samt meiner dickbrüstigen Schönen mitten im weiß überzogenen Bette und preßte sich an den hebenden Schenkeln der schmachtenden Überzieherin zu einer Realdefinition des wahren Erdenglücks und seiner Freuden. Aber ich siegte und bin noch heute stolz auf meinen Sieg; das arme Mädchen sah mir noch so unschuldig, und – vielleicht hätte ich gar eine Blüte vergiftet.

Morgen verändere ich mein Logis und werde hoffentlich, solange auch mein Aufenthalt hier dauern mag, ununterbrochen im Hotel de Bavière wohnen. Doch ehe ich noch zu diesem Schritte eile, will ich zuvor genau meine Überzieherin sondieren; ist das Mädchen noch rein und tugendhaft, wie ich vermute, so mag ich wahrlich nicht der erste Mörder ihrer Unschuld sein; sollte sie aber wirklich schon von der Ursach unterrichtet sein, warum ihre Spaltung gerade zwischen den Füßen und nicht ebensogut am Ärmel sitzt, nun, dann mag immerhin mein System sich seiner Bürde entledigen und auch über eine Nichtphilosophin eine Ladung daherschütten, die die Fühlbare überzeugen soll, wie schön das Studium der Kritik uns für das auferlegte Fasten dann belohnt, wenn wir wie ich nach Monatsfrist aus ihren Kriterien uns einmal heraus und in diejenigen Höhlen der Natur einwühlen, wo man auch ohne Terminologien einzudringen vermag, worin der Dumme wie der Kluge sich findet, wo Kriegsknechte ihre Säbel schleifen und Handwerksbursche ihre Instrumente wetzen.

Du wirst lächeln, lieber Baron; aber bei Gott, dies Mädchen ist mir mit ihren vollen Rosenwangen interessanter geworden als die geile Frau Hauptmann von S. mit ihren gepuderten Backen. Mein Amor fängt an zu revolutionieren, doch ich hoffe den Degen bald in die Scheide zu bringen, und so wären, glaub ich, auch ohne Dragoner die Unruhen mit einmal geschlichtet.

Unter vierzehn Tagen erwarte keinen Brief, dann aber sieh mit voller Gewißheit einer treuen Nachricht über die hiesigen Messen entgegen von deinem

v. N. N.

Zweiter Brief

Die vielen hier anwesenden Meßverkäufer, die aufgeschlagenen Butiken, Kramläden und Stände sowie das unaufhörliche und bis spät in die Nacht fortwährende Unwesen, welches durch die Schleifen deutscher, polnischer, russischer und griechischer Kaufleute verursacht wird, machen zwar das sonst öde und tote Leipzig im Ganzen um einen großen Teil lebhafter und, wenn du willst, angenehmer, im Gegenteil aber auch um ein Merkliches enger, und, mir wenigstens, odiöser.

Du glaubst gar nicht, wie sehr man in dem tollen Gedränge sich vorsehen muß; wie nötig es ist, auf seine Uhr, Börse und Schnupftücher ein stets wachendes Auge zu haben, und wie ratsam es selbst dem fürsichtigsten Manne wird, in einem Augenblicke sich wenigstens viermal umzusehen, wenn er nicht zuweilen Gefahr laufen will, derbe Ribbenstöße zu erhalten, von einherrollenden Wagen umgefahren zu werden oder sich wohl gar in die Gespannschaft polnischer Pferde zu verlieren.

Allzuweit sind ohnedem die Straßen in Leipzig nicht, mache dir also eine Idee, wieviel Platz da sein kann, wo zwischen einem Raume von vierzehn Ellen (denn so breit sind circa die meisten Straßen) noch zwei Budenleute einander gegenüberstehen, deren

Behältnisse beide zusammengenommen doch immer auch eine Breite von acht Ellen ausmachen, und rechne für jeden derselben noch eine Elle, die gewiß die um ihn herumstehenden Käufer und Gaffer ausfüllen, hinzu, so hast du in summa eine Straße, wo in einem Zwischenraume von nicht mehr als vier Ellen Vieh, Menschen und Esel bequem wandeln sollen.

Zwar, und das wird man mir einwenden, ist noch einiger Platz hinter den Buden obengerühmter Kaufleute, und dieser führt gerade unter der Dachtraufe hinweg; allein um alles in der Welt, lieber Baron, mag ich diesen Weg nicht einschlagen, denn selbst die Tropfen, welche von den Dächern der Häuser herabträufeln, abgerechnet, so findest du noch überdem auf und an diesem Wege, hinter und zwischen den nahe stehenden Buden die unverkennbarsten und sichtlichsten Beweise von der guten Verdauungskraft der Leipziger Meßfremden; und sosehr ich mich auch über das behagliche Wohlsein dieser Menschenklasse freue, so werden sie mir's doch aber auch nicht verargen, wenn ich nun ein für allemal kein Anatomiker ihrer Präparate sein mag.

Hier ist also kein anderer Ausweg: entweder mußt du während der Messe gänzlich auf das Straßengehn Verzichttun oder mit Hintansetzung aller Bequemlichkeit deinen raschen Schritten eine Beinschelle anlegen und hinter Karren und Schleifen so langsam und bedächtig einhergehen wie ein schwarzer Leichenbedienter bei der Prozession an der Kutsche oder mußt wenigstens die hereinbrechende

Nacht und ihre Schatten erwarten, wo dir dann keine Schleife und kein polnisches Pferd den Weg mehr vertreten, sondern höchstens etwa ein girrendes Täubchen durch Husten und freundliches Zusprechen in sein dunkles Nestchen dich einladet.

Nirgends aber und in keiner Straße ist das Drängen und Treiben ärger sowie der Raum nirgends enger und das Gehen daher beschwerlicher und in der Tat gefahrvoller als in dem von bärtigen und unbärtigen Juden wimmelnden Brühle.

Freilich wirst du nun schon im voraus auf die armen Söhne Israelis fluchen und ihnen vielleicht im Geiste schon Millionen Schock Teufel auf den ohnehin gedrückten Nacken wünschen, allein, lieber Baron, du wirst dich sogleich wieder mit ihnen versöhnen, wenn ich dir auf meine Ehre versichere, daß eben daselbst niemand mehr geschubt, gestoßen, getreten und ausgescholten wird als gerade diese geängstigten Beschnittenen. Der Grund, warum eben in dieser allergeräumigsten und weitesten Straße Leipzigs der wenigste Platz ist und es am unsichersten und bedenklichsten wird, auf ihr zu gehen, liegt zwar einesteils, wie ich gern zugeben will, in der ungeheuren Zahl der in ihr liegenden Gasthöfe, mehr aber noch und weit natürlicher ist er in der Nachlässigkeit und verfluchten Gewinnsucht derer aufzusuchen, welche die Zeit der Messe über auf die Ordnung und Sicherheit in den Straßen (wozu denn doch auch wohl notwendig die Verhütung allzusehr sich anhäufender Wagen gehört) ein wachsames Auge haben sollen.

So wie es oft mit den weisesten Veranstaltungen zu gehen pflegt, so stark und unverzeihlich versündigt man sich auch hier an der Bequemlichkeit der Leipziger Meßfremden, an dem guten Willen des hiesigen Magistrats und selbst an der Nahrung und dem Fortkommen einheimischer Kaufleute.

Wer sich bisher keinen Begriff von einer förmlichen Wagenburg machen konnte, der gehe nur zur Messenszeit in den Brühl, und er wird staunen, wenn er ein Heer Räder und Deichseln so dicht ineinandergeschoben und in einer so geraden, doch kaum übersehbaren Linie dastehen sieht, als zur eilften Morgenstunde die Leipziger Wachparade (selbst von ihrem gutvisierenden Major gerichtet) kaum schnurgerader stehen kann.

Allein was sind die Folgen dieser Räderparade? – Nur mit der größten Mühe windet man sich selbst in das bekannteste Haus, denn zu dieser Zeit in unbekannten Häusern jemand aufzusuchen wäre Raserei, und ich würde den einen Tollkühnen nennen, der nur zwei Minuten hintreten und nach der Nummer sehen wollte, denn während dieser zwei Minuten kann er wahrlich schon zweimal über den Haufen geworfen und schon zweimal den sanften Druck eines Hufeisens oder eines Schocks Radnägel empfunden haben.

Mehr aber noch, und schreiend ist diese Vergehung, leiden die meistens armen einheimischen

Kaufleute darunter, welche gerade an der Reihe dieser Wagenburg ihre Kramläden haben und welche um so mehr bei dieser Unbilligkeit verlieren müssen, da die meisten derselben mit Materialien handeln, die ihnen der Landmann abnimmt, der sich dann aber wohl hütet, um eines Pfunds Kaffee willen durch so viel ihm ebenso wie mir unangenehme Hindernisse sich durchzuschlagen, unter Pferden und Rädern hinwegzukriechen und wohl gar die Hälfte der Bohnen zu verschütten, die er in einer sicheren Straße ebenso gut und wohlfeil zu erhalten weiß, da ihn bisher bloß die Gewohnheit bestimmte, sie bei einem Mann zu holen, zu dem ihm jetzt jeder freie Zugang auf eine so unverantwortliche Weise versperrt ist. Wer kann's dem Bauer verargen, von nun an zu einem andern überzutreten, und wer ersetzt denn dem verlassenen Kaufmanne auch nur einen Heller für seinen Verlust?

Doch was könnte ich dir noch alles für schädliche Folgen erwähnen, die alle lediglich aus der Treulosigkeit der über diese Straße gesetzten Gerichtsdiener erwachsen!

Nun, wirst du mich fragen, wie sollte es denn aber eigentlich sein, und warum ist es nicht so?

Die Beantwortung dieser Frage könnte dir freilich niemand besser geben als der in Leipzig unter dem Namen des Dreckinspektors bekannte und verrufene Ratsspion Spieß.

Gern möchte ich dir diese Kanaille redend aufführen, wie er mit seiner gleichverworfenen Ehehälfte nach vollbrachtem Tagewerk im einsamen Gemach bei einer Flasche Malaga aus des Herrn D. Xx. Keller die gewonnene Summe berechnet; allein du kennst ja schon die Originalsprache solcher Schurken, – laß dir also lieber kürzlich von mir erzählen, was ich über diese Ungerechtigkeit erfahren habe.

Keineswegs ist es der Wille des hiesigen Magistrats, daß durch eine angehäufte Menge umherstehender Wagen die Bequemlichkeit der Meßfremden ebensowenig als die Nahrung ihrer eigenen kontribuierenden und in allen und jeden Abgaben ziemlich hoch angesetzten Bürger so unverantwortlich gestört, unterbrochen und geschmälert werde. Nichts spricht in diesem Falle mehr für seine Unschuld an diesem Verbrechen als eben die Anstellung solcher dienstbaren Geister, welche denn die strikteste und bestimmteste Ordre haben, darauf zu sehen, daß abgeladene Wagen sogleich zur Stadt hinausgeschafft, die beladenen aber, wenn der Besitzer derselben in Ermangelung des Raums im Hofe seines gewählten Gasthofes sie nicht mehr unterbringen kann, zwar auf der Straße geduldet, aber doch so ineinandergeschoben werden sollen, daß sie nur bis dahin gehen mögen, als der Gasthof an Länge beläuft, und nicht, wie immer, über drei und mehr Häuser sich ausbreiten und dadurch jeden freien Zugang versperren. Allein der Fuhrmann ist zu bequem, auch wohl bedenklich, seinen Wagen zu weit von sich zu entfernen, und der Wirt sieht sich daher notgedrungen, zu niedern Maßregeln zu schreiten, –

besticht schon etliche Wochen vor der angehenden Messe mit einigen Laubtalern und am bequemsten bei einem Glas Wein die sonst gar scharfen Augen des beorderten Aufpassers, und wunderst du dich da noch, wenn dieser Kerl die ganzen drei Meßwochen über stockblind ist?

So machen es aber nun die übrigen Wirte alle und müssen es so machen, sonst befolgt der Beorderte auf das strengste seinen Befehl; auf diese Art aber fehlt's dem sauberen Patron die ganze Messe hindurch an allen fünf Sinnen, – er fühlt und greift nur immer in der vollen Tasche herum, säuft schon von früh an auf die Gesundheit der Herren Kneipiers und ihrer Fuhrleute volle Humpen aus, läßt Wagen Wagen sein, und laufen denn nun ja nach der Zahlwoche ernstliche und lautere Beschwerden ein, so heißt es von seiten des Rates wie billig: Warum kamt ihr nicht früher? Wem soll man nun glauben? – Melden sich aber ja die benachbarten Häuser- und Gewölbebesitzer noch in Zeiten, nun, so sieht man freilich zu seiner größten Freude drei Tage lang die schönste Ordnung, dann aber wird schon wieder etwas nachgegeben, einstweilen kommen andere Dinge aufs Tapet, welche die Köpfe der Signoria dringender beschäftigen, die Wagen im Brühl werden darüber vergessen, und kaum ist vielleicht die Messe eingelautet, so ist auch alles schon wieder in seinem vorigen Gleise. Zudem findet man ja in Gasthöfen immer ein gutes Glas Wein, womit man runzligte, düstre Stirnen glatt und freundlich macht, –

sollten denn nicht auch E. Edlen Hochweisen Rats wohlbestallte Subalternen zuweilen gratis die Geister dieses wohlfeilen Saftes versuchen und in und mit ihm – Reglements und Mandate hinwegspülen?

Ich gestehe sehr gern, lieber Baron, daß ich mich etwas zu lange bei dieser odiösen Wagenaffäre verweilt habe, und ich sehe im voraus schon, daß dein nächster Brief mich derb für den Eifer züchtigen wird, mit dem ich über eine Bedrückung herfiel, die in deinen Augen freilich das Gewicht nicht haben mag, das ich auf Bedrückung jeder Art lege, die den freien Mann empören und ihn in gewissen Stunden sogar gegen eine Obrigkeit aufbringen, die zwar dem ersten Anschein nach soviel Entschuldigendes für sich hat, die ich dann aber weniger freispreche, wenn ich sie über andere Observanzen wachen sehe, die dem armen Bürger nichts helfen und nur höchstens noch einiges Ansehn durch die Autorität gewinnen, mit welcher man die kleinste Übertretung derselben so streng zu ahnden pflegt. Warum sieht man denn da mit eigenen Augen und weiß sich Hilfe zu schaffen? Und warum gehen denn nun selbst Senatoren des Tags wohl zwanzigmal bei dieser Wagenburg vorüber und sehen nichts, wo doch so viel zu sehen wäre?

Ich soll abbrechen und beginne immer wieder von neuem; allein eben erinnere ich mich noch zeitig genug an deine Vorwürfe und warte dir daher mit andern Beobachtungen auf, die dich für die Langeweile der ersteren sattsam entschädigen werden.

v. N. N.

Dritter Brief

Ich komme auf ein Hauptprodukt, das ganz vorzüglich die Leipziger Messen verschönert, auf die Legion in- und ausländischer, schöner und minder schöner, geputzter und zerrissener, parfümierter und barfüßiger, reiner und angesteckter Freudenmädchen, welche alle nach Standes Gebühr und Würden sich bemühen, junge und alte Wollüstlinge in ihre Venuswinkel einzuladen.

Oh, lieber Baron, so viel niederträchtige Geschöpfe und verworfene Mädchen jeder Art wirst du wohl nie antreffen als zur Zeit der Messe in Leipzig. Die meisten derselben kommen aus unserm lieben Berlin, aus Dresden, Frankfurt, Dessau, Halle, Jena, kurz aus allen Teilen der Welt versammelt sich diese giftige Brut. Abends wimmelt's auf den Straßen von diesen Freudennymphen in Korsetts und Saloppen. Da steht eine an der Ecke und gibt mit einem hämischen Husten oder einem freundlichen guten Abend die Losung. Wer sich will finden lassen, gibt Antwort, der Handel ist fertig.

Nun kriecht man mit dem artigen Schäfchen in einen nahen Winkel oder meldet sich auf dem Markt bei den Wächtern der Buden, diese öffnen die Türe einer Butike, man schlüpft hinein, und der Kampf der Liebe beginnt.

Weit bequemer noch kann man sich Lage und Stellung vor dem Peterstore machen, wo eine Reihe von Kutschen und niedlichen Wiener Chaisen dasteht, welche die Stellmacher den Tag über zum Verkauf ausbieten; auch bei diesen wachen gedungene Mietlinge, an welche man angeht und sich dann zu seinem Minnespiel für zween Groschen den besten und weichgepolstertsten Wagen ausersehen kann, wo Nacht und Stille das Vordringen des kleinen Amors befördern und der Lose sich dann doppelt brüstet, auf vier Rädern eine Lanze zu brechen. So ganz sans gêne kann man hier sein Mütchen kühlen, und ungescheut der Vorübergehenden wackelt die verschwiegene Kutsche, in welcher eben zwei in einem Fleiße sind.

Arme Weiber! Wüßtet ihr, wie hier eure lieben abwesenden Männer in die Arme einer feilen Dirne sich werfen und durch tausend herzhafte Stöße in ihre Giftgrotte die kleinste Erinnerung an euch Betrogene hinwegtändeln!

So stillt denn nun in diesen drei Wochen, wer kann, seine Geilheit, fährt oft so sorgenlos in den Schacht seiner Wünsche hinein und kommt dann wieder heraus mit Trompeten und Pauken. Mancher holt sich da sein Restchen auf ewig, vorzüglich wenn Unbekanntschaft und Furcht ihn zwingen, den Händen eines elenden Pfuschers seine dahinsterbende Mannbarkeit anzuvertrauen. Wie mancher der elterlichen Rute erst entwachsene Jüngling gründet hier sein Unglück für späte Lebensjahre, wenn ihn die

Lockungen feiler Dirnen verleiten, an seinem Prinzipal zum Betrüger und Spitzbuben zu werden, wo er denn aus dessen Kasse das entwendet, was ihm die seinige, von der gierigen Metze schon gänzlich erschöpft, mehr herbeizuschaffen verbietet.

Aber dann schaudre ich, lieber Baron, wenn ich auch Männer in diesen Irrgängen sehe, die mit dem Gifte, das die durchaus venerische Meßdirne in der Stunde des süßgeglaubten Genusses ihnen einflößt, wiederum ganze Familien – ach Gott! und vielleicht selbst ihre eigenen Weiber samt ihrer Geburt scheußlich vergiften. O Baron, dann sträubt sich mein Haar, dann ballt sich unwillkürlich meine Faust – dann wollte ich mit kaltem Blute den verfluchten Buben morden – ha! dann vergriffe ich mich zum erstenmal am schwächeren Geschlecht und würfe die schändliche Dirne zu Boden. – Ja und glaubst du wohl, lieber Baron, daß dieses unübersehbare Elend nur zu oft selbst in den vornehmsten und angesehensten Familien wütet?

Der Kaufmann T. allhier brachte auf eine schändliche Art dies Unglück über seine Gattin, – sie wurde schlecht kuriert, muß bis diesen Tag noch, um ein sieches Leben nur nicht ganz siech zu verleben, fressendes Seidelbast tragen, und die Strafe des bübischen Gatten war: daß ihm von dem Augenblick jener unseligen Entdeckung an untersagt wurde, je wieder die Ausübung männlicher Rechte zu heischen. O Gott, lieber Baron, wie tief hat sich doch die Menschheit unter ihre Würde verloren!

Nach dem, was ich dir bisher von den Leipziger Meßfreudenmädchen, von ihrer Beschaffenheit und von den Wegen gesagt habe, auf welchen der brünstige Stürmer genötigt ist, zu attackieren und zur völligen Niederlage der durchschossenen Festung zu gelangen, würdest du wohl freilich nach deiner mir wohlbekannten Bequemlichkeit und Kommodität für immer auf das Eindringen in diese gewöhnlichen Schanzen Verzicht leisten, wenn es nicht noch andere Bollwerke gäbe, die der galantere und delikatere Stürmer mit vorgestreckter Lanze auf einem ganz andern, kommoderen und sichereren Wege zu blockieren gar leicht imstande ist.

Nein, lieber Baron, du brauchst in keine Kutsche zu steigen, in keine Butike zu kriechen, an keiner scharfen Ecke deine Knie zu ritzen, nein, du kannst auch (freilich mit etwas mehrerem Kostenaufwande) in nette Stübchen dich schleichen und auf einem reinlichen Bette mit deiner vollen Mannkraft in die bemooste Liebesgrotte eindringen, alle Reize deiner nackenden Schönen sondieren, sanft ihren vollen Leib umklammern, deinen brennenden Wollustdrang gemächlich in ihren weichen Schoß schütten, kannst doppelt empfinden bei jeder von ihr lebhaft wiederholten Bewegung, kannst deine volle Ladung in ihre zarte Höhle schießen, und bequemt sich dann etwa dein Amor noch nicht, jene sanfte Windung zu verlassen, so kannst du ungestört den Kampf von neuem beginnen und stracks wiederholen, solange es dir beliebt.

Die gefälligen Kinder, welche dir diese sanfte und ungestörte Erholung verschaffen, sind zwar allem Ansehen nach gesünder, frischer, galanter und im Versüßen des Minnespiels etwas erfahrener und geübter als ihre übrigen Buden- und Kutschenschwestern; allein für die Reinheit ihrer Gefäße bin ich dir ebensowenig responsabel als für die Sicherheit deiner Börse, deiner Uhren und übrigen Gerätschaften von Wert. Merkt die Gaunerin, und das sind denn die meisten derselben, erst deine Schwäche und wo man dir am füglichsten beikommen kann, so facht sie einstweilen durch Küsse, kleine Handmanœuvres am schwellenden Amor, durch sanfte Drücke und das Herumschlingen ihrer runden Schenkel um deinen zitternden Körper ein so brennendes, wütendes und verzehrendes Feuer in dir an, daß sie dich, indes du eifrig genug alles anwendest, die affektierte Hitze dieses himmlischen Mädchens mit gleicher Glut zu erwidern, so rein und doch so zärtlich ausgeplündert hat, daß du vielleicht bei der Rückkunft auf deinem Zimmer erst gewahr wirst, unter welchen Händen du warst.

Siehe, lieber Baron, so wäre denn also für den rechtlichen Mann auf keinen Fall bei diesen Dirnen etwas zu tun, und ich verspreche mir in der Tat von den einheimischen oder bei Wirten sich engagierten Mädchen weit mehr als bei den ersteren und den letzteren, die für sich wohnen und welche doch freilich in der Hinsicht schon sehr viel vor andern für sich haben sollten, weil sie immer (und doch wenigstens die respektabelsten derselben) unter dem Schutz, Schirm, Obhut und das Dach einiger unsträflicher Rechtsgelehrten, namentlich des D. Kerzels und des M. Bernigs sich begeben; allein wie schon gesagt, sie sind gewissenlose, räuberische Dirnen und obenhin bei allem Verdienst, den sie haben, doch schlechte Bezahler; denn frage einmal jene beiden soeben von mir gerühmten Wohltäter und Beschützer dieser Damen aufs Gewissen, ob sie sich nicht immer genötiget sehen, um doch nicht ganz zu Schaden zu kommen, wenigstens die Hälfte des schuldigen Zinses nach beendigter Messe in persona abzuarbeiten.

Noch gibt es, alles Vorhergegangene abgerechnet, überdem noch eine ganz besondere Sekte derselben, welche ebenfalls die Leipziger Messen bezieht und die nach meinen Bemerkungen unter allen die ekelhafteste und widrigste ist: ich meine die sogenannten Geiger und Pfeifer oder die allbekannten Harfenistinnen, welche nicht nur in den Gasthäusern mit ihren Instrumenten sich hören und für Tag und Nacht bestellen lassen, sondern auch in Privathäuser, ja selbst in die Gewölbe der Kaufleute eindringen und unter dem Vorwand des Harfengeklimpers ihren gröbern und auffallendern Absichten einen gefälligern Anstrich geben. Sie gesellen sich hauptsächlich zu unwissenden Knaben, – denn für den erwachsenern Kenner sind die meisten zu häßlich –, suchen durch ein einladendes Betragen den jungen Einfaltspinsel empfindsam zu machen, wagen verstohlene

Handgriffe, führen die schüchterne Hand selbst in ihre verwelkten Busen, – und will denn alles Herumfühlen, Betappen und Entblößen den erstarrten Klotz noch nicht zu ihren Wünschen beleben, so stimmen sie Lieder an, die diejenige Wirkung tun sollen, welche die vorigen Manœuvres so unglücklich verfehlten. In diesen Liedern herrschen denn nun die zoten- und ekelhaftesten Ausdrücke, und nun nimm dazu, daß ein solches Mädchen, welches ohnehin so durchsichtig gekleidet, daß man von oben bis unten und von unten bis oben die Glieder ihrer Wollust schauen kann, während dem Tändeln sich noch mit ihrer Stimme hören läßt und Ausdrücke gebraucht, welche fähig wären, das ganze männliche Fleisch zu empören, – sage einmal, lieber Baron, wie sich alsdann ein unerfahrner, mit solchen Aussichten und Mysterien noch ganz unbekannter Knabe, geschweige denn der Wollüstling beim Reiz der Neuheit und des Verführerischen noch zurückhalten soll, um nicht auf der Stelle seine Lust zu büßen?

Aus allen diesen Bemerkungen wären denn nun meines Erachtens folgende Resultate herzuleiten:

a) ziehe jedes andere Freudenmädchen einer gewöhnlichen und leicht erkennbaren Meßdirne vor.

b) Hast du aber einmal den Zaum zur Krippe gelüftet und sind Durst und Heißhunger zu groß, um ihnen widerstehen zu können, so waffne dein Glied mit einem guten Condom; und würdest du dir es endlich

c) beikommen lassen, an einem dergleichen Geschöpfe in den Häusern des D. Kerzels und M. Bernigs (aus Präsumption für die Würde beider Rechtsgelehrten) mehr Reize und Anziehendes zu vermuten, so leere vor dem Eintritt in diese Tempel deine Taschen von Uhren, Börsen und Dosen und nimm höchstens so viel zu dir, als du etwa an Valuta nötig glaubst, deine dienstbare Demoiselle damit zu vergnügen. Klassifiziere endlich

d) alle diese Kreaturen in Allee-, Buden-, Harfen- und Stubendirnen, so weißt du jede nach Standes Gebühr und Würde zu behandeln und wirst hoffentlich schon bei dem bloßen Namen alle fernere Lust verlieren, weitere und bestimmtere Nachrichten über diese Ungeheuer von deinem Freunde zu verlangen. Desto sichtbarer sehe ich nun aber auch auf deinen Lippen die Frage schweben: wie benimmt sich bei Einwanderung und Duldung solcher nach Leipzig hereinströmender Herrschaften – ein edler Magistrat?

Befriedigung gebe hierüber der kommende Brief.

v. N. N.

Vierter Brief

Es gibt in Leipzig an dreißig Männer unter dem Namen Ratsdiener oder schlechtweg Häscher; meistens werden sie aus dem Nachflug und Söhnen auswärtiger Gerichtsdiener oder auch wohl aus verdorbenen Handwerksleuten formiert, und ihr Dienst ist einer der verrufensten, so wie ihr eigentlicher Gehalt nur sehr gering. In kleinen Klagsachen erhalten sie zwei Groschen Zitationsgeld sowie von jedem neuerwählten Senator und neuangenommenen Bürger ein Trinkgeld. Diese Menschen nun sind denn auch zugleich befehliget, jede ihnen vorkommende H-e aufzuheben und die noch nicht entdeckten unverzüglich aufzusuchen; daher haben sie denn leider, wie natürlich, alle Wirte zu Leipzig in ihrem Beschlag. Sie gehen hin zu ihnen, essen, trinken, huren – alles gratis –, bekommen Meß- und Neujahrgeschenke, und wenn visitiert werden soll, so wissen es schon die Wirte wenigstens einige Stunden vorher und schaffen ihre Mädchen beiseite. Die Wache fällt in die Häuser ein, und – man findet nichts, die Vögel sind ausgeflogen – das Nest ist leer. Werden ja zuweilen welche eingefangen, so sind es immer nur Mädchen von solchen Wirten, die dem Visitierer nicht recht geopfert haben.

Allein der größte Teil dieser Vollstrecker der Gerechtigkeit spielt mit den Wirten unter einer Decke, und die Töchter der Freude lassen sie selbst, um recht sicher zu gehen, in – ihre Mitte.

Freilich schmeckt wohl das viele Geld von den Leipziger H. Wirten den Herren Visitierern besser als der kleine Sold der Obrigkeit, und auch hier heißt es Ämtchen – Käppchen. Man lese über diesen Gegenstand das unvergleichliche Werk des Herrn Notarius Dreßler: Griffe und Pfiffe der niederern Gerechtigkeit auf alle Tage im Jahre, neue verbesserte Auflage, 364 Seiten, in 4to.

Nur geringe, sowohl Frauenzimmer als die bei ihnen angetroffenen Herrchens, bei welchen nichts zu ziehen ist, werden dann und wann eingezogen, damit doch das Kind einen Namen hat, aber – ebensobald wieder entlassen. Man stellt ein Verhör (?) mit ihnen an, visitiert ihre Taschen (?), läßt sie einige Tage auf dem Gefangenensaale kampieren, der Chirurgus untersucht (oder soll vielmehr!) ihre Reinheit, – wird das Empfängnissystem beim Examen nicht so lauter befunden, als es in Statu integro sein muß, nun, so erbarmt sich das Lazarett ihrer verdorbenen Muschel, – nach der Genesung macht sie dem ganzen Klinikum ihre gehorsamste Verbeugung – ein beorderter Ratsknecht nimmt die Rekonvalescentin von da in Empfang – gefällt sie ihm, so tut er wohl gar erst noch aus ihrem frischen Kelche ein Schlückchen – bringt sie dann zum bestimmten Tore hinaus und zeigt ihr den Weg, damit die reparierte Schöne in den Stunden des dämmernden Abends zu einem anderen Tore desto bequemer wieder herein und frischweg ihr beglückendes Werk von neuem beginnen kann.

Siehe, lieber Baron, so geht es den meisten dieser Mädchen, wenn sie sich, ohne die Augen der Visitierer vorhero gehörig geblendet zu haben, etwas zu weit an den Lichthimmel dieser dienstbaren Geister heranwagen; – doch die meisten verstehen schon Gruß und Handwerksgebrauch, daher ist es ein sehr seltener Fall, wenn auf ausdrücklichen Befehl der höheren Instanz einmal eine Generalmusterung dieses bärtigen Regiments veranstaltet wird, und gemeiniglich geschieht es nur erst den Morgen darauf, wenn am vergangenen Abend eine unwissende Dirne aus Versehen einem alten Senator an die Hosen griff, statt daß sie die Genitalia eines leckern Kopisten zu erwischen glaubte. Freilich muß dann der unschuldigere Teil mit dem schuldigen leiden, – keine Gnade, kein Pardon ist dann zu finden, und wär's selbst die Hure des Herrn Stadtschreibers B., die doch gewöhnlich, wenn der hohe Gönner ohne selbsteigne Gefahr sie nicht mehr zu retten vermag, unsichtbar und verschleiert in einer Portechaise zur Stadt hinaustransportiert wird; kurz und gut, an diesem unglücklichen Tage muß sie mit den übrigen Schwestern in bunter Reihe per pedes Apostolorum die geliebte Stadt verlassen oder doch wenigstens durch ein Zertifikat bescheinigen, daß sie mit der morgenden Post nach Halle, Dessau, Köthen oder sonst außer Land abfahren wolle.

Im ganzen wären also die Anstalten der Obrigkeit hier wiederum ebenso zweckmäßig wie in vielen andern Punkten, allein solange man seinen Maßregeln keine sattsame Autorität zu geben sich bemüht, solange man Ausnahmen von der Regel gestattet und zuweilen aus Gründen wohl gar sein eigenes Interesse zum Interesse solcher Kreaturen schlagen muß, so lange wird es wahrlich auch in diesem wichtigen Punkte, ich will gar nicht sagen in moralischer, doch wenigstens aber gewiß in politischer Hinsicht für Leipzig sehr übel aussehen und hier noch mancher gute Jüngling sein Grab finden.

v. N. N.

Fünfter Brief

Bei so betrübten Aussichten wäre also für dich, lieber Baron, in Leipzig sehr übel gesorgt, und du möchtest vielleicht mit einem nur zu widrigen Vorurteile von dieser Stadt urteilen und sprechen und daher auch wohl wenig Verlangen tragen, von meinen Behauptungen dich jemals persönlich zu überzeugen, wenn ich nicht ein Antidotum in Bereitschaft hätte, womit auf einmal das häßliche Gift, das du aus meinen bisherigen, ziemlich abschreckenden Beschreibungen gesogen haben könntest, in den süßesten und leckersten Honig verwandelt werden soll. Höre also, lieber Baron, und ich wette, du wirst in einigen Minuten im Geiste mir tausend herzliche Küsse zuwerfen, tausendmal mich entschuldigen für die wenigen unangenehmen Augenblicke, die ich dir machte, und mit desto größerem Behagen die nun kommenden angenehmeren Eröffnungen verschlingen. Um aber deine Geduld nicht zu sehr zu spannen und am Ende vielleicht gar zu ermüden, so will ich ohne weitere Umschweife, und ob ich gleich in der Folge so manches werde nachholen müssen, was ich bei jetziger Veranlassung weit bequemer hätte vorausschicken können, dennoch ungesäumt mit meinen Bemerkungen hervorrücken.

Außer den bisher gerühmten Meßfreudenmädchen also, von welchen ganz allein die Rede war und die ich dir in mancherlei Hinsicht als Freund nicht sehr empfehlen konnte, gibt es hier auch außer den Messen noch eine unzählige Menge solcher dienstwilliger Kinder, denen man nun zwar geradewegs keine Lobrede halten, doch aber auch das Verdienst nicht absprechen kann, daß sie für den nun einmal nicht anders als physischen und mit Wollustreiz begabten Adamssohn etwas mehr Sicherheit und, wenn du willst, auch mehr Vergnügen gewähren als die auf ihr Gewerbe gleichsam reisende Meßdirne. Keineswegs stehe ich in Abrede, daß unter ihnen nicht ebenfalls vergiftete, venerische, total ausgemergelte und gänzlich verpestete Auswürfe befindlich sein sollen, ebensowenig als ich die ganze Zunft der ersteren zu verdammen wage, denn dies ist unter einer so zahllosen Menge fast kaum anders zu erwarten; aber soviel glaub ich doch immer mit Gewißheit behaupten zu können, daß der größere Teil einheimischer Leipziger Freudenmädchen gesund und (dem Himmel sei's gedankt!) nur ein weit kleinerer Teil mit venerischen Seuchen behaftet sei. Die Ursach dieser wohltätigen Erscheinung läßt sich leicht auffinden. Würde nämlich ja eine einheimische Dirne Kennzeichen einer herannahenden Krankheit an sich gewahr, so kann sie erstens weit früher und besser vorbeugen als eine herumreisende Hure, die sich zwar wohl nach Abnehmern ihrer Reize, weit weniger aber nach erfahrnen Ärzten umsehen kann, die ihr allerdings wohl helfen, aber auch vielleicht nicht reinen Mund halten möchten, und dies zwar zu einer Zeit, in der ihr an Verschwiegenheit und Verheimlichung eines so übel rekommandierenden Prädikats nur zu viel, ja fast alles gelegen sein muß.

Und sollte denn auch die Krankheit gefährlicher und in ihrem ersten Aufkeimen nicht mehr zu erstikken sein, so kann das einheimische Freudenmädchen sich zweitens auf einem fixierten Platze doch wohl weit besser verpflegen als die unstete Meßdirne mit immer flüchtigem Fuße.

Und überdem: Wie gewaltig würde nicht ein gänzlicher Umsturz der Bude ihres Vergnügens drohen, wenn sie einen, zwei oder höchstens drei Käufer mit Ware versähe, welche sie bald so übel empfehlen müßte, daß nicht nur die erwähnten drei Abnehmer auf immer ihren Handelsartikeln entsagten, sondern auch wohl gar ihre zahlreichen Bekannten verführten, nie sich in einen Laden zu wagen, wo man bei schon mittelmäßiger Ware noch obendrein eine so böse Zugabe erhielte. Und wäre denn etwa eine solche Besorgnis so unwahrscheinlich in einer kleinen Stadt, wo gar bald ein Kind das andere und also auch sehr leicht der junge Mensch die Mädchen kennenlernen und mit wenig Mühe in den Stand gesetzt werden kann zu behaupten, welche Nymphe rein und welche unrein sei? Tut also die Schöne unter so bewandten Umständen nicht besser, wenn sie einige Wochen hindurch sich verbirgt, jedem Eindringen indes den Zugang versagt und nur erst Vulva integra den Ladestock zur Flinte läßt? Wird auf diesem

Wege nicht ihr Kommerzium weit sicherer im Schwange und ihr Renommee nicht immer weit teurer und rühmlicher erhalten? Hat sie denn endlich für die Versäumnis einiger Wochen in Zeit von wenig guten Tagen dann nicht Entschädigung genug?

Gewissenhaftigkeit mag nun wohl freilich keine dieser Kreaturen zu solchen Maßregeln bestimmen! Je nun, brächten auch nur Politik und Interesse allein diese seltenen Erscheinungen hervor, so ist's dennoch unglaublich, welchen unschätzbaren Vorteil und ersprießlichen Nutzen sie in jeder Hinsicht über die Gesundheit und das Leben der liebedürstenden Jünglinge Leipzigs ergießen.

Wäre man nun aber auch von dieser Seite, ich will sagen, gänzlich gesichert und könnte mit voller Zuversicht in der Höhle des Vergnügens herumwühlen, so hat man doch nun aber (nichts ist vollkommen!) vorzüglich in Leipzig immer noch Irrgänge ganz anderer Art zu vermeiden, wo so viel räudige Schafe herumgehen, daß man im ersten Augenblick der Überraschung es fast verschwören möchte, sich je wieder in die sonst so süßen weiblichen Labyrinthe zu wagen.

Nirgends, lieber Baron, sind die Prellereien (die Irrgänge, die ich vorhin nannte) dieser Geschöpfe mehr üblich und im Gange als eben auf hiesigem Platze; nirgends kannst du auf eine unschuldigere, nirgends auf eine sonderbarere Art in die Verlegenheit kommen, Vater zu werden, als hier; und nirgends mögen dir endlich diese süßen Vaterfreuden teurer zu stehen kommen, als eben in Leipzig, wo man so eifrig und angelegentlich dergleichen Mütter protegiert und wo sich selbst Doktores und Advokaten nicht schämen, Anwälte offenbarer Betrügerinnen zu werden und die dem geängstigten Papa abgedrungene Summe redlich mit ihren Klientinnen zu teilen. Nicht genug, daß du für deinen Teil allein schon sattsam die ganze Brühe bezahlst, so müssen überdem wohl oft noch zwanzig Väter zu deinem Kinde mitkontribuieren; ja man findet hier sogar niederträchtige Wirte sowohl als elende Buben von Rechtspraktikern, die in Ermangelung einer wirklich existierenden und vorhandenen Schwangerschaft feile Dirnen sich mieten, Wulste von Federkissen zu einem geschwängerten Leibe formieren, sich dann Männer von ihnen angeben lassen, mit denen sie vielleicht schon vor ewigen Jahren (die Zeit tut nichts zur Sache) ein- oder zweimal zu tun hatten, gehen dann ungescheut zu den Angegebenen hin und machen mit Entdeckung und Zuchthaus ihnen die Hölle so warm, daß der Betrogene dann gern alles hergibt, was seine Kräfte vermögen, um nur der Schande zu entgehen, welcher er sich schon dann ausgesetzt glaubt, wenn verrufene Buben wie Adv. Schmidt und Heyne nur seine Schwelle betreten.

Ich könnte dir jetzt wahrlich noch ganz andere Entdeckungen mitteilen, die ich hierüber gemacht habe, allein ich werde meine Ergießungen vielleicht bis zu den Briefen aufsparen, wo ich überhaupt über Freudenhäuser und andere dahin einschlagende Punkte näher mit dir sprechen werde.

Was würdest du nun aber wohl glauben, daß die Folgen solcher Prellereien sind?

Der Inhalt des kommenden Briefes mag hierüber sich näher erklären. Bis dahin leb wohl.

v. N. N.

Sechster Brief

Du kennst aus eigener Erfahrung, lieber Baron, und ich fürchte nicht, dich zu beleidigen, wenn ich mich in diesem Falle auf deine Einsichten berufe, – du kennst den Trieb des menschlichen Körpers nach Befriedigung des stets sich regenden physischen Bedürfnisses ebensogut als den angeerbten und ganz eigentümlichen Hang des Geistes nach bisweiliger Abwechselung und den Überdruß und Ekel vor einem ewigen Einerlei. Deine kraftvollen männlichen Verdienste allein schon sind es wert, einst eine Gattin in deinen Armen zu halten, wie sie nur immer ein schöner Mann verlangen und erwarten darf. Ich bin überzeugt, deine dereinstige Gemahlin wird auf keinem Fall in den kraftvollen Armen ihres gegenwärtigen Mannes nach der Erschütterung und dem Genuß eines andern und eines neuen sich sehnen. Ich bin überzeugt, du wirst ihr mit deiner allgemein anerkannten Mannkraft so nachdrücklich zusetzen, wirst ihr mit deinem stets gespannten Eifer und deiner immer standhaften Ausdauer so viel zu schaffen machen, daß sie wähnen wird, in deinen salbenden Ergießungen das nie geteilte Vollmaß ungeschwächter Jugendfülle zu erhalten. Ich bin endlich überzeugt, du wirst deine zukünftige Gemahlin jedem andern weiblichen Geschöpfe vorziehen, das sich bis hierher ein Vergnügen daraus machte, durch ihr Opus suctorium deine überfließenden Säfte abzuleiten; ja, ich will sogar (ein in Ehen sehr seltener Fall) zugeben, du könntest sie mit einem Feuer lieben, das du noch nie fühltest; alles dies angenommen, und ich freue mich, es mit Gewißheit voraussetzen zu können, würdest du dich wohl demohnerachtet (allein hier fordere ich aufrichtiges Geständnis!) überwinden können, nie nach der Umarmung einer andern dich zu sehnen und immer und ewig nur, nach biblischer Art, an deinem Weibe hangen?

O lieber Baron, laß uns aufrichtig unsere Schwächen prüfen, und ich gestehe dir gern, daß es mir zuweilen eine Unmöglichkeit scheint, ganz treue Männer (die Damen traue ich mir ohnedem nicht zu nennen!) zu finden; ach, es sind wohl nur Romanschimären, Phantasien einer schwärmerischen Stunde, Ideen ohne Wirklichkeit!

Du kennst meine Vorstellungen über eheliches Glück, du kennst meine Begriffe und meine Denkungsart, weißt, und ich schäme mich dieses Geständnisses nicht, wie wichtig in meinen Augen eine Verbindung der Art ist, die ach so bald geknüpft werden kann und welche Pfaffenpolitik und -Trug so unzertrennlich machte!

O lieber Baron, glaube mir: ich kann wahrlich das Glück und die Ruhe zweier Menschen für keine Bagatelle betrachten, es liegt zuviel in dem bloßen Gedanken, Mörder der stillen Zufriedenheit einer weiblichen Seele zu sein; aber bei Gott, so ernst und männlich ich denke, sowenig traue ich mir doch Enthaltsamkeit und Stärke genug zu, jeder verführerischen Lockung zu widerstehen und nie eine kleine Untreue an meinem Weibe mir zuschulden kommen zu lassen!

Und siehe, so denken vielleicht die Männer mit mir alle, und so ist denn auch nicht zu erwarten, daß uns bloß Leipziger Ehemänner mit exemplarischer Ausnahme beschämen sollten!

Auch sie finden an bisweiliger Abwechslung ein süßes Vergnügen, wollen doch zuweilen auch anderes als stetes Ehefleisch kosten, und da nun der einmal mit einer öffentlichen Hure geprellte Kaufmann Bedenken trägt, aufs neue bei Prellerinnen sein Herz auszuschütten, so wählt er zu seinem Vergnügen einen eigenen Schlag, wo nicht jeder Stößer, nein, nur er allein aus- und einfliegen kann, wo er allein seine Rechte exerziert, wo er allein des Täubchens wachsendes Zunehmen sich anrechnet, wo er gern für das Werk seiner Schenkel Weihwasser, Exorzismus, Kindmutter und Paten bezahlt, wo er gern für eine ungestörte, geräuschlose und sichere Einfahrt doppelt und dreifach entrichtet als für einen stürmischen Abzug mit Trompeten und Pauken die Hälfte.

Da fliegen Dukaten aus, wo vorher nur Taler klangen; da muß das Maul der alten Hexe gestopft werden, wo fein Liebchen wohnt; da muß der dienstwillige Handwerksbursch oder Studiosus bezahlt werden, der so gütig war, dem Kinde seinen Namen zu schenken; da müssen Käppchen geschafft werden für Mutter und Säugling; da müssen Stärkungen für verlorene Kräfte bereit sein; da muß Liebchen, in einen galanten Wagen gepackt, die sanften Zephirlüfte des schönen Tages genießen; da muß ein zehnfach gestempelter Medikus Lottchens weite Mündungen zum baldigen Wiedereinschluß verengen; ach, und der Himmel weiß, was alles noch erfordert wird, die Wöchnerin und ihr Kleines bei gutem Wohlsein zu erhalten. Überrechnest du wohl, was dies kostet und wie dann der nur bemittelte Mann es aushalten will, seinen ehrlichen Namen zu behaupten, seinen rechtmäßigen Kindern und seinem Weibe fernerhin das nötige Brot zu verdienen und nach seinem Tode sie nicht als Bettler zu verlassen? Ach, und daß letzteres schon so oft der traurige Fall war, beweist in Leipzig nur neuerdings noch die Geschichte des unglücklichen T., der auf demselben Wege arm ward und mir zugleich Stoff gibt zu bemerken, daß es bei oberwähnten schon beträchtlichen Ausgaben nur selten sein Bewenden hat, daß solche Interimsaushelferinnen nach geleisteten Diensten mit dem bloßen Salarium, das sie bisher erhielten, sich nicht begnügen, während ihrer Leibeigenschaft vielleicht einen armen Jüngling nach ihren Wünschen fanden, der sie so gern zur ehelichen Frau machte, wenn guter Wille in klingende Münze sich verwandeln ließe, bis denn endlich die kühne Mätresse, der ewigen Dienstbarkeit und Jungfrauschaft müde, stolz und gebieterisch ihren zeitherigen

Beispringer angeht, mit fünfzehnhundert Talern ihre Dimission verlangt, den armen Tropf dann heiratet und – in ein Badestübchen einführt!

Oh, lieber Baron, so habe ich aus sichern Händen noch gar mancherlei ähnliche Fälle gehört! Wäre dies alles aber wohl nicht zu vermeiden, wenn die Leipziger Freudenmädchen in einem allgemeinen Konvente sich dahin vereinigten, fortan dem Satan, dem Vater aller Prellereien, und seinen gehorsamen Söhnen, den treulosen, meineidigen Advokaten, auf ewig zu entsagen?

Dies also wäre schon eine unübersehbare schreckliche Folge, welche aus den Betrügereien dieser Dirnen entsteht, und wollte der Himmel, es wäre nur die einzige, aber ihr folgen noch weit fürchterlichere gleich auf dem Fuße nach.

Nur eine will ich noch anführen, sie mag daher den nächsten Brief ausfüllen.

v. N. N.

Siebenter Brief

Glaubst du wohl, lieber Baron, daß weniger schöne Blumen in ihrer Blüte erstickt, weniger unschuldige Mädchen die Mörder ihrer Tugend einst in grauer Nacht verfluchen würden, wo ihr erwachter Geist trostlos an den Abgründen der Verzweiflung ringt und die Sünderin den Vater der Barmherzigkeit tränend um Gnade und Vergebung fleht; glaubst du wohl, daß weniger graue wankende Greise ein Ach über die gefallene verführte Tochter schreien und früher noch von Schande und Tränen gebeugt dahinsinken würden in der ewigen Nacht kaltes Grausen, wenn die feile Dirne nicht durch zuviel schon bekannte Prellereien dem reichen Wüstling jede Hoffnung zu der Gewißheit vergällt hätte, ohne Besorgnis für künftige Geldschneiderei in ihrer Mitte seine aufstrebende Wollust stillen zu können?

Und wunderst du dich nun noch, lieber Baron, wenn ich dir versichere, daß die Hälfte solcher Geschöpfe in Leipzig aus Mädchen besteht, die in einer unglücklichen Stunde durch Verführung und vielleicht auch durch eigenen Reiz, nicht aber aus Geldgier gelockt, ihre Unschuld verloren, dann zu schwach waren, weiteren Versuchungen zu widerstehen, der Eitelkeit (denn ein Laster führt ja getreulich die übrigen alle herbei!) und schmeichelnden

Täuschung Gehör gaben, und so endlich das wurden, was sie jetzt sind – unglückliche, zu beweinende Mädchen!

Was gewinnen aber nun diese betrügerischen Dirnen bei all den Prellereien?

Ihr Gewerbe wird nur zu bald kund – der Reichere hütet sich vor ihrem Umgange, – eben daraus entsteht denn das Ereignis, das ich soeben schilderte; ihre Verehrer bleiben weg, die Nahrung kommt ins Stocken; um ferneren Unterhalt zu haben, müssen sie nun auf Eroberungen ausgehen, wo man sonst seine Gaben unangelockt ihnen ins Haus trug; die Kleidung und Garderobe wird schofler, höchstens etwa ein Student oder Thomasschüler zollt ihr noch seine vier Groschen, und ist sie erst herabgesunken bis zur Knechtschaft letzterer Art Menschen, dann gute Nacht allen Aussichten zu einem jemaligen Wiederaufkommen, dann gute Nacht, Leipzig, und – willkommen du, geliebtes Jena oder Halle.

Sieh, lieber Baron, das wären denn zwei unglückliche Folgen, die schon allein zureichend sind, das betrügerische Verfahren obenerwähnter Dirnen sowohl als die Einmischung ihrer rechtlichen Beisteher doppelt strafbar und ahndungswert zu machen; allein das Heer der Folgen, die alle noch eben hieraus entspringen, ist unübersehbar, und ich könnte in der Tat noch eine ganze Reihe von Briefen recht vollständig damit ausfüllen, wüßte ich nicht, daß dir ein solches Räsonnement höchst uninteressant, ja langweilig und unangenehm wäre; – überdem gestehe ich gern, daß es mir selbst sehr wenig Freude macht, immer nur bei Gegenständen des Unglücks zu verweilen, und es ein weit angenehmeres Geschäft ist, in Sphären des Vergnügens herumzuschweifen; ich will also den Faden wieder anknüpfen, da wo ich ihn verließ, und dies um so lieber und schneller, da du gewiß längst schon auf den Verfolg weiterer Nachrichten über das Gebiet der Liebe mit Sehnsucht gehofft hast.

v. N. N.

Achter Brief

Komm nach Leipzig, lieber Baron, und du sollst nach dem, was ich nun weiß, auch keine einzige Minute müßig sein; du sollst Nahrung, volle überflüssige Nahrung für dein physisches Drangvermögen sollst du erhalten und nie müde werden, Gutes zu tun und zu empfangen!

Immerhin reiß dich los von deinen Verbindungen in Berlin; du glaubst wunder welche Göttinnen zu umarmen, und ich sage dir: dein harren in Leipzig Mädchen und Weiber, in deren Mitte du erst fühlen wirst, zu welchen Reizen der Schöpfer seine Kreaturen erhob.

O lieber Baron, was habe ich hier schon für göttliche Weiber erkannt; Himmel, meine Sinne schwinden, wenn ich nur den entferntesten Gedanken wage, einst in einer seligen Stunde mit meiner ganzen Mannkraft nur einer von ihnen es zu gestehen, daß ich nie in einem vollern Meere höherer Seligkeit schwamm als in dem Augenblicke, da unser Wollustverzucken zu einem seligen Ermatten dahinschmolz!

O Baron! du sinkst zu den Füßen dieser Göttinnen, wenn nur bloß ihr Blick dir sagt, daß deine stürmende Mannkraft ihnen gefällt, daß sie höhere Kräfte in dir ahnden, daß dein Auge, von Wollustfeuer glühend, sie durchbohre, daß sie dem Drang nach deinem Besitz nicht länger zu widerstehen vermögen! Baron, würdest du diese Weiber verschmachten lassen im Durste nach glühender Lust, im Verlangen nach seligem Vollgenuß tieflohender Liebe?

Ha! Jetzt wünscht ich mir zum erstenmal deine schöne männliche Gestalt, dein einnehmendes Wesen, deine gefälligen Manieren und – deine Allgewalt zu erschüttern. O ihr schönen Weiber, wie wollt ich euch dann lohnen für das Unvermögen eurer armseligen Gatten! Wie wollt ich's euch so tief ins Herz hineinschieben, daß Ausländer für eure Verdienste empfänglicher sind als entkräftete Inländer! Wie solltet ihr gleichsam ersterben unter meinen kraftvollen Umschließungen und das erstemal seufzen: O Himmel, wie ist mir so wohl!

Doch ich gerate in Exklamationen und soll Schilderungen liefern; allein gewiß, gewiß, du verzeihst meinen Ergießungen, lieber Baron, – sie entspringen aus dem Gefühl für himmlische Schönheit.

Wir wundern uns, wenn in Berlin von untreuen Männern und Weibern die Rede ist, ach, und in Leipzig darfst du nur ein schönes Weib sehen und dann auch geradezu den sichern Schluß machen, daß sie wenigstens einen oder zwei Beimänner hat, welche zuweilen bei ihr einsprechen, geräuschlos ihr wohltuendes Werk beginnen und dann einige Augenblicke darauf die beglückte Schöne – als eine Gesalbte verlassen. Indes sie nun von ihrem segnenden

Priester diese Ölung erhält, wandert vielleicht ihr liebes Männchen gleichfalls in das Schlafgemach seines soeben agierenden Stellvertreters und – rächt sich. So pfuscht denn immer eine Familie in die andere – selten wird etwas Ganzes hieraus, da immer der zweite wieder verdirbt, was aus Versehen der erste etwa gut machte, und auf diese Art ist es denn in den mittelsten Etagen der Leipziger Damen stets wie auf einem Taubenschlage: der eine fliegt aus, der andre fliegt ein, und was Wunder, wenn sie darum weit und breit in keinem guten Kredit stehen?

Dame L-g. soll auf diese Weise immer sechs bis sieben Stößern den Eingang öffnen, und jammerschade um dies ehemals sehr schöne Weib, daß ihre Triebe etwas zu heftig sind, denn bald, glaub ich, wird auch wohl die Schminke nicht mehr haften, die jetzt noch so meisterlich die kleinen Runzeln verbirgt. Freilich gab wohl der lievländische Hofmeister dem guten Weibe zu harte Stöße; die Arme war das russische Wüten nicht gewohnt, liebt zwar auch von Grund ihres Herzens deutschen Nachdruck, er muß ja doch aber mit Sanftmut und Nachgiebigkeit verbunden sein, sonst erschöpft er; der lange Leutnant mit dem Horne mochte wohl ebenfalls auf dem Privattheater zu tief gekommen sein und die alte Wunde wieder aufgerissen haben, die der tapfre Russe schlug, denn man wollte wissen, das zarte Weib sei wirklich darüber erkrankt, und ihr lieber Mann, dem sie sehr naiv die Schuld jener Unpäßlichkeit beimaß, habe entsetzliche Mühe gehabt, sie zu beruhigen und nur erst durch einen neuen Schmuck es wieder dahinbringen können, aufs neue des Fleisches Lüste bei ihr büßen zu dürfen.

Die Baronin v. H. liebt ihren Verlobten viel zu sehr, als daß sie außer ihrem Friseur und einigen andern noch irgend jemand weiter ihre schöne Fülle öffnen sollte.

Die schönen H. sind nun alle verehelicht und sollen mit der Einsegnung am Traualtar ihre bisherigen Liebhaber an den Zuckerfässern samt und sonders quittiert haben und nur Tag und Nacht, wie die blasse Figur zeigt, an ihren lieben Männern hängen. Wohl euch, ihr habt es gut!

Nicht so wohl war es vor einigen Jahren der liebenswürdigen Großmama K., die trotz des herannahenden Alters und der Zahl um sie herum spielender Enkel immer noch gar zu gern junge Kernmänner in ihre Mitte schließt, als sie auf einmal ihrem Eheherrn durch ein lebendiges Exempel die Kraft englischer Maschinen bewies, zu ihrem größten Leiden aber erfahren mußte, daß der einfältige Ehemann (kein aufgeklärter Neologus) auf die empfindlichste Art die Wirkungen mißbilligte, die in Ermangelung eines guten deutschen Hebels ein bewährter ausländischer hervorbrachte und durchaus nicht geschehen lassen wollte, daß das Fazit jener ziemlich unmathematischen Berechnung in das Kontobuch seiner Leibesangelegenheiten eingetragen würde. Nur erst auf die stürmischen Bitten seiner Herren Schwiegersöhne geschah es denn endlich, daß er, jedoch salvo jure, notierte, vor Gott und aller Welt sein vermeintliches Machwerk rekognoszierte, bestens akzeptierte und endlich gar in seine treuen Vaterarme schloß.

Die schöne R. konnte freilich bei ihrer Verheiratung an einen alten Ehekrüppel die jungen Offiziere noch nicht vergessen, die sonst so kraftvoll auf der Altenburger Redoute ihr zusagten. Der schwarze Hofmeister mußte also gar bald mit unplatonischer Liebe die Stelle rüstiger Reiter ersetzen, – ersetzte sie trefflich zur vollen Zufriedenheit der wollüstigen Dame, und nur ein peppichter Kaufdiener konnte in seinem Posten ihn ablösen; nun, da auch letzterer in den Hafen des ehelichen Glücks sich eingeschifft hat und nur höchstens etwa alle drei Messen, aber dann auch desto fleißiger, die trauernde R. heimzusuchen pflegt, so sieht jetzt ihr Ehe-Peter, der sie, um seine alte Französin ins rechtliche Bette zu führen, gern für ein Billiges dahingäbe, ganz gelassen zu, wie die Schmachtende sich in den Armen ihres mitleidigen Schwiegersohns oder – eines kleines Judendoktors erholt.

Madame St. jagt wie ein brünstiger Hirsch auf Fluren, in Wäldern und Auen herum, achtet nicht die Stimme des herzlichen Mannes, verschmäht Gartenvergnügungen und Bälle und läßt sich statt dessen lieber von rüstigen Kämpen in vollem Feuer zusammenarbeiten.

Die Frau D. M. öffnete ehedem ihre Schluft italienischen Hauptleuten; seitdem ihr aber das Verschwinden so manches schönen Kremnitzers im Kopfe herumgeht, gibt sie einem abgehärteten Bedienten doppelt Salar, kräftige Suppen, alte Weingeister, Stahlbäder und – macht er auch dann noch seine Sache nicht recht – zwei derbe Ohrfeigen. Ihr Hochzeitgelenk soll, nach neuern Berichten, ziemlich abgenutzt, von den sonst starken Waldungen nur Storzeln noch zu sehen sein und die ganze Passage überhaupt höchstens für einen Bedienten etwa Reiz haben.

Der Frau L. v. S. wollte man aus Kurzsichtigkeit einen hohen Grad von Sprödigkeit und Treue zuschreiben, weil sie die Huldigungen eines welken Lieutenants verachtete, der sich aus Verzweiflung ob ihrer unbezwingbaren Zurückhaltung nicht wie ein anderer gescheuter Mensch ruhig und getröstet zu Bett legte, sondern mit Allgewalt den scharfen Degen tief in die gekränkten Rippen stieß (gestoßen haben soll!). Allein man tut dem guten Weibe zuviel; sie ist ebenfalls dankbar für bescheidene Huldigungen, nur will sie sich durchaus das Recht nicht nehmen lassen, nach Lust und Liebe zu wählen. Zudem ist sie hübsch und mag daher keinen Klotz.

Die Herren G. und B. trugen aus Gründen Bedenken, eine Leipziger Donna in ihr eheliches Bett zu führen, und suchten sich lieber treulose Ausländerinnen. Die Gattin des erstern soll weiland viel seltne Reize in sich vereinigt haben, und der Kenner bemerkt dies noch jetzt an den Ruinen; allein Herr R. kam eben von seinen Reisen und wußte sehr bald den Zugang zu ihrer über alle Maßen niedlichen Grotte zu finden; ihr Eheherr gibt sich nun geduldig in sein Schicksal, ermuntert selbst den tapfern Ritter (der jetzt seine Funktion mit einem Tuchhändler teilt) zum rüstigen Kampfe und weiß es ihm tausendmal Dank, daß er seiner Gattin die leeren Stunden ausfüllt, die sie einsam und traurig verschmachten müßte, da er jetzt selbst anfängt, in blonde Kürschnerpelze zu blasen. Die zweite, Madam G., hingegen bedient sich des scharfen Messers eines stammhaften Barbiers und lohnt seine Mühe mit genähten Manschetten.

Die Frau D. N. beweint jetzt in trüben Stunden ihre erschöpften Finanzen und wünscht sich die verlornen Jugendreize zurück, um aus Neigung bedient zu werden, statt daß sie jetzt ihre Liebhaber für die genoßne Lust noch obendrein mit Winterpelzen und Sommerkleidern bezahlen muß. Ihre Demoiselle Tochter zeigt bei aller Jugend ebenfalls schon fleischliche Gefühle, wenigstens soll sie zu des braven Vaters großem Verdruß noch neuerlich erst an Liebesbriefen gearbeitet haben.

Mad. Sch. hat sich aufs Land gemacht, und da sie findet, daß die Pfropfe in der Stadt nicht mehr so dauerhaft und tüchtig wie ehedem gemacht werden, so läßt sie sich von einem Bauer Wieken drehn, die freilich das ausgeweitete Loch besser ausfüllen als der dünne Stöpsel eines dürren, klapperbeinigten Schauspielers.

Herr v. L. hat sich vorgenommen, ein Riesengeschlecht auf den Leipziger Kreis zu verpflanzen, und wühlt daher mit seiner Kleinheit unaufhörlich in dem unermeßlichen Raume der Madam P. herum, legt aber doch auch zuweilen seine Artilleriestücken an, um die verwachsene Enge seiner kleinen Gemahlin wenigstens nicht ganz verschütten zu lassen.

Die Madame S. bezahlt drauf und drein, damit arme Schlucker sich überwinden mögen, ihre Geilheit zu stillen. Doch soll der Schneider Just für einen eschappierten Liebhaber noch eine Rechnung von ihr erhalten, sie seufzt daher sehr ängstlich nach der Wiederherstellung des Handels nach Rußland, um dann mit dem gelösten Flötengeld den Schneider richtig zu vergnügen.

Das wären denn nur einige der Auffallendsten, lieber Baron, die mir im Vorbeigehn so aufstießen und worunter denn nun freilich die meisten schon verblüht oder auch nie geblüht haben und die Befriedigung ihrer Wünsche deshalb auch sehr teuer erkaufen müssen. Allein die Übrigen alle dir zu nennen, die ebenfalls so grausam nicht sind, um Huldigungen zu verschmähen, bin ich schon darum nicht imstande, weil ich dir sonst wenigstens die Hälfte der Leipziger Weiber und Mädchen nennen müßte und gar leicht mit dem Register derselben ein ganzes Alphabet ausfüllen dürfte.

Soviel aber kann ich dir auf mein Gewissen versichern, daß so leicht kein Mann in Leipzig existieren wird, der nicht Hörner trüge, und im Gegenteil, daß es ebensowenig Weiber gibt, die sich rühmen dürften, treue Männer zu haben.

Kurz, in Leipzig läßt sich alles, was Atem hat, -- nur mit dem einzigen kleinen Unterschiede, daß die Wege, zu dem Vollgenuß ihrer Liebe zu gelangen, sehr verschieden, ebendeshalb aber auch die Früchte bald süßer, bald minder angenehm sind. Die Damen, die ich dir vorhin genannt habe, sind meistens alle mit sehr wenig Mühe zu besiegen, und du wirst daraus auch ohne mein Zutun den Schluß ziehen, welch ein beschränktes Vergnügen man bei ihrem Genuß sich zu versprechen habe; allein zur Ehre der Leipziger Schönheiten und zu deiner selbsteigenen Beruhigung sei es gesagt: man findet unter ihnen auch Damen, die delikater, feiner und artiger behandelt sein wollen, – die man erst ganz entfernt auf sich und seine Wünsche aufmerksam machen, mit denen man erst lange von Sympathie und Harmonie der Seelen sprechen muß, um denn aber auch desto süßer mit ihnen in himmlische Akkorde zu verschmelzen, – und dies sind dir denn doch wohl ohnstreitig die liebsten, bester Baron!

Ja, mir wären sie es freilich auch und würden es jedem andern an unserer Stelle gleichfalls sein, wenn – nur jeder auch unsere Börse führte! Aufwand und Kosten darfst du durchaus nicht scheuen, sonst erstirbt dein Werk in seinem ersten Beginnen! Oh, wie mancher hat sich nicht schon in Leipzig auf viele Jahre verschuldet, bloß um einer schönen Frau zu gefallen; ja, und um ihnen lange zu gefallen, wahrlich, lieber Baron, da gehören schwere Summen dazu.

Ich bedaure in der Tat diese guten Weiber, daß sie zu ihrem eigenen Schaden einen Ton einführten, der ihnen das Annähern so manches rüstigen Kämpfers entzieht, welcher ihnen freilich wohl weniger mit glänzendem Aufwande, desto mehr aber (und das ist doch wohl vorzüglicher?) mit steifer unbiegsamer Mannkraft huldigen könnte!

Hier, mein lieber Baron, hast du denn also die Resultate meiner Erfahrungen und gesammelten Bemerkungen über den Zustand der Galanterien in Leipzig. Mancherlei Nebenumstände habe ich bereits noch im petto, und ich werde nicht ermangeln, bei vorkommender Gelegenheit sie genauer zu detaillieren. Jetzt nur noch soviel:

Alles läßt sich in Leipzig erweichen, vom Stubenmädchen an bis zur Frau Hofrätin; jede will auf ihre eigene Manier bestürmt sein (und das darf man durchaus nicht versehen!), so wie denn auch jede sich gewöhnlich nach dem dicksten, aber nicht, wie in Berlin, nach dem längsten umsieht – ein Beweis, daß die hiesigen Engen immer früher weit werden als die Berliner. Endlich ist denn auch unter ihrer Arbeit ein gar verfluchter Unterschied zu machen, doch mit dem schönen Zusatz, daß die, welche durch Schwächlichkeit verhindert werden mit Wiedergeben und Nachheben sich zu befassen, dafür durch ein desto sanfteres Dahinschmelzen und mattes wollüstiges Ersterben dem brennenden Eiferer den Verlust dieser sonst so angenehmen Nachhilfe doppelt ersetzen und dennoch auch weit mehr empfinden als unsere kalten Berlinerinnen. Und hiermit will ich vor jetzt wenigstens von dieser Charakteristik abbrechen und zu den versprochenen noch rückständigen Bemerkungen übergehen, die ich kürzlich über die Leipziger Messen gemacht habe.

v. N. N.

Neunter Brief

Die Leipziger Jahrmärkte, denn Messen würde man sie mit Unrecht noch nennen, sind leider ihrem Ersterben sehr nahe und fangen an, das Schwanenlied zu singen.

Geschäfte der Art, wie man sie ehedem in großer Menge machte, kommen jetzt nur selten noch vor, und dies freilich um so mehr, da, wie bekannt, die jetzigen politischen Verhältnisse dem ganzen Kommerzium einen gewaltigen Sturz gegeben haben. Der Handel nach Rußland, wohin ehedem ein ungeheurer Absatz sächsischer Fabrikate ging, ist fast gänzlich gesperrt, und die polnischen Kaufleute allein würden noch gern die Niederlagen alter und neuer Handlungen ausleeren, wenn man aus guten Gründen nicht längst schon Bedenken getragen hätte, ihre Wechsel für bare Münze zu halten. Überdem bemüht sich jetzt das spekulierende England mehr als jemals, seine Fabriken im Gange zu erhalten und läßt seine Waren daher fast unter die Hälfte des wahren Werts verkaufen, wodurch nun zwar seine eigene Absicht erreicht, der Schade für die sächsischen Handelsleute aber nur desto fühlbarer wird.

Nie hat man wohl in den Leipziger Messen mehr verkaufslustige Menschen gesehen als jetzt, im

Gegenteil aber auch wahrlich nie weniger Abkäufer. Die Gewölber fassen eine Menge Waren in sich, die meistenteils alle so wieder eingepackt werden, wie man sie auslegte. Die Käufer drehen sich an den Buden umher, besehen, durchschnopern alle Artikel und – kaufen nichts.

Keine Art der Verkäufer aber ist zu einer größeren Zahl angewachsen als die Gilde der Putzmacherinnen und der emigrierten Franzosen. Kaum sind sie zu zählen und essen bei ihrem Handel Salz und Brot, um nur nicht zu verhungern, denn der Absatz, den sie machen, ist freilich, wie du leicht überrechnen kannst, sehr unmerklich. Doch einige der ersten Gattung treiben neben ihrem eigentlichen Handel noch andere Geschäfte und befinden sich etwas besser dabei.

Auch der sogenannte Roßmarkt ist bei weitem nicht mehr so ansehnlich wie sonst, und die neuerlich von oben herab gekommenen Verordnungen, vermöge welcher die Herren Offiziers jetzt beschränkt werden, nicht mehr mit dem Unsinn wie ehedem in Pferdetausch und -ankauf zu wüten, tragen wohl ebenfalls ihr gutes Teil dazu bei, daß die prellerischen Roßhändler – und unter ihnen namentlich die Juden – über böse Zeiten schreien!

Der Buchhandel (wird bald heißen Bücherkram) ist, trotz der Bücherkommission und abscheulichen Zensur, noch immer in Leipzig respektabel genug; würde man aber freilich höheren Orts auch in Zukunft noch fortfahren, statt die beliebte Preußische und Braunschweigische Preß- und Druckfreiheit einzuführen, das alte sächsische Schreckenssystem beizubehalten, so dürfte wohl sehr bald der Zeitpunkt heranrücken, da auch dieser Handel noch von Leipzig sich hinweg und an einen andern Platz zieht, wo freiere, mildere Lüfte wehn und wo das Zetergeschrei eines Wenks und eines Arndts in öden Mauern verhallt.

Hier, lieber Baron, hast du nun meine Bemerkungen über das Leipziger Handelswesen während den Messen, und daß sie keineswegs aus der Luft gegriffen sind, sowenig wie die nun kommenden über den Zustand des Handels in Leipzig überhaupt, wird vielleicht die Zukunft noch besser enthüllen, als die traurige Gegenwart schon jetzt sattsam beweist!

Man hat schon öfters vor mir über den Luxus und Aufwand geschrieben, der überhaupt in Leipzig auf den höchsten Grad der Überspannung gestiegen sein soll, allein man hat in der Tat die Ungerechtigkeit begangen und zuwenig Schonung für gewisse Klassen bewiesen, denen man nichts weniger als Verschwendung und luxuriöse Schwelgerei beimessen kann. Mancherlei Stände, und unter ihnen namentlich der gelehrte, der doch auch nicht wenig begüterte Mitglieder zählt, machen von dem angenommenen Satze eine glückliche Ausnahme. Dagegen hätte man aber desto nachdrücklicher wider einen Stand zu Felde ziehen sollen, der im Verprassen allein seine Force und in Verschwendung und Üppigkeit seine größte Ehre zu suchen scheint.

Du wirst leicht erraten, daß ich niemand anders als den Kaufmann vor Augen habe, der doch nie mehr Ursach gehabt hätte, sparsam, haushälterisch und ökonomisch zu wirtschaften, als in gegenwärtigen für ihn so übeln Zeiten und der im Gegenteil nie üppiger vergeudete als eben jetzt.

Du würdest in den Palast eines Fürsten zu treten glauben, wenn du in den Vorsaal eines hiesigen Kaufmannes eingehest, die vergoldeten Schlösser mit Schweizerpapier umwickelt, die Mahagonischränke mit der kostbarsten Bronze verziert, die Wände mit den auserlesensten Tapeten geschmückt, die Öfen mit prächtig bemalten Kaminen versehen, überdem noch mit golddurchwirkten spanischen Wänden umgeben und die Fußböden endlich mit zwanzigerlei verschiedenen Arten der teuersten ausländischen Hölzer ausgetäfelt findest. Nun öffne vollends die Türen der Zimmer, und wahrlich, dein Auge wird geblendet vom Glanze der überirdischen Pracht; du glaubst im Feenreiche zu sein, so überraschend gewahrt man oft bei den geringfügigsten Dingen einen himmlischen Zauber. Und alles dies wollte ich unter dem gefälligen Deckmantel einer gewissen eleganten Ordnung und guten Geschmacks gern noch verstatten, wenn nur diese Verschwendung nicht dadurch schon doppelt straffällig würde, daß jene Gerätschaften erstens nach dem Genius des sogenannten Modegeistes jährlich wenigstens einmal verändert, die vorigen Tapeten, Schränke und Verzierungen ihrer Dienstbarkeit entlassen und unter die Antiquitäten des Bodens verwiesen, ja zweitens auch dann sehr oft (wenigstens solche Dinge, welche wand-, band-, niet- und nagelfest sind) im Stiche gelassen werden müßten, wenn man seine jetzige Wohnung verändert und andere Zimmer bezieht, in welche die vorigen Ornamente nicht passen, und welches denn um so mehr der Fall ist, da nur die kleinste Anzahl hiesiger Kaufleute eigene Häuser besitzt. Nicht weniger Verschwendung und schwelgerische Pracht zeigt sich in den Equipagen und Garderoben der Leipziger Kaufleute und ihrer Weiber. Auch hierinnen ist bei ihnen die Üppigkeit zum höchsten Gipfel gestiegen, und manche stolze Frau, die weiland mit dem Milchkorbe lief oder wie Madame O. vor dem Hackeklotze stand, dringt jetzt mit Allgewalt in den seufzenden Gatten ein, die alten treuen Rappen zum Pfluge zu verdammen und – schöne Erbsfarben zu kaufen. Hals und Brust mit goldenen Ketten umpanzert, die Finger mit großen Diamanten und Rubinen besteckt, steigt die mehr als gnädige Kramersfrau, von dem Kraftarm eines jungen Bedienten unterstützt, in den prachtvollen Triumphwagen, fährt in majestätischem Rollen die Straßen hindurch, und – in manchem kleinen Fenster seufzt vielleicht ein armer Unglücklicher, der den letzten Überrest seines noch geretteten Vermögens jenem stolzen Prasser anvertraute, der's ihm – verfährt. Abscheulich und dreimal verflucht ist so ein gewissenloser Bube, der mit dem sauren Schweiße eines rechtschaffenen Mannes so leichtsinnig umgeht und dennoch den

Ärmsten am Ende so unverantwortlich um diese letzte Stütze seiner schwankenden Hoffnungen betrügt!

Nicht weniger Pracht würdest du finden, wenn dir einmal das Glück winkte, bei der Gasterei eines hiesigen Kaufmannes zu erscheinen. Gleich groß ist da die Verschwendung in Tischzeug, Servicen und Gerichten; selbst an der Tafel eines Fürsten kann kaum dein Gaumen herrlicher gekitzelt und dein Magen von den Geistern der auserlesensten und teuersten Weine durchdringender angefeuert werden als bei dem schwelgerischen Mahle eines Leipziger Kramers. Kurz, wende dein Auge, wohin du nur willst, geh von der Toilette an bis zum heimlichen Gemach alles sorgsam hindurch und du wirst meine Schilderungen nicht übertrieben finden, wirst noch weit mehr Verschwendung entdecken, als ich bescheiden genug war, dir bis jetzt zu verschweigen; ja, du wirst staunen, und auf deinen Lippen wird alsdann sogleich die Frage schweben: wie ist's möglich, daß der Leipziger Kaufmann so ungeheure Summen verdient?

So mögen wohl freilich noch gar viele Vernünftige mit dir fragen, und ich gestehe gern, auch ich tat anfangs dieselbe Frage an mich, doch lange darf man hier nicht forschen, nur Augen und Verstand ein wenig zu Hülfe nehmen, und – ich fand leider, daß die Söhne jetzt verprassen, was einst ihre Väter in guten Zeiten verdienten; denn unter jetzigen Verhältnissen könnten sie ja wahrlich kaum so viel erschwingen, als die stolzen Weiber nur jährlich in Nachthabitern und Morgennegligees vergeuden!

Der brave Vater der Familie L. ging bei allem dem Verdienst und bei all dem Vermögen, das er durch Sparsamkeit und gute Wirtschaft sich erwarb, stets auf seinen gesunden zwei Füßen spazieren und kann sich auch noch jetzt bei stark heranrückendem Alter nicht überwinden, für sein wohlverdientes Eigentum Equipage zu halten. Doch die Herren Söhne sind klüger(?), und ohne zu dem, was sie jetzt besitzen, jemals einen Heller beigetragen zu haben, machen sie sich auf des alten Vaters Rechnung gute Tage, ziehen ein Kapitälchen nach dem andern aus der Handlung heraus, richten solenne Gastmähler aus und fahren in Zeiten mit prächtigen Rennern, ungewiß, ob die Jahre des Alters ihnen erlauben werden, nur in einem einspännigen Kariolchen zu sitzen. Der alte Vater ist kurzsichtig genug, eine herzliche Freude an dem prachtvollen Aufzuge seiner Herren Söhne zu haben, und bedenkt nicht, daß, wenn einst seine Augen sich schließen,* zugleich mit ihm sein sauer erworbenes Vermögen schneller wieder zerschmelzen wird, als er's erwarb. Der eine seiner hoffnungsvollen Söhne hat jetzt schon ein kleines Bankrottchen in seinem Hauswesen gemacht, wie soll es vollends mit der Handlung gehn, wenn du nicht mehr bist, alter Vater?

---

* Anmerkung des Setzers: Sie haben sich vor kurzem schon geschlossen.

Nicht minder verschwenderisch verfahren die Familien L-th, S-r, und L-e.

In ersterer glaubt der junge Herr Sohn, seines Vaters sauern Schweiß nicht besser anbringen zu können, als wenn er für Kinder bezahlt, die er nicht machte, und gern der schönen M. durch volle Beutel zu erkennen gibt, wie sehr ihn der Vatername entzücke, mit dem sie ihn doch nur gezwungen beehrte, da der eigentliche Erzeuger, ein Hallischer Baron, vermutlich etwas weniger verblendet war, um zu so holden Benennungen sich gratulieren zu lassen.

Der junge S-r würde vielleicht weniger verschwenderisch sein, allein die stolze eitle Gemahlin läßt nicht nach, bis auch der letzte Dukaten für Enveloppen und goldene Brustketten dahinschwinde.

In der Familie L-e ist nun der redliche Vater verschieden, und man sieht schon jetzt die traurigsten Anstalten zu einer andern und größern Haushaltung.

Oh, und was wollte ich dir noch alles für Familien nennen, die samt und sonders durch die üppigste Verschwendung ihrem künftigen Elende entgegentaumeln! Komm nach zehn Jahren nach Leipzig, und du wirst verarmte Kinder reicher Eltern in Menge finden, – oh, dafür bürgt mir ihre Raserei und schon der Grund, der zu ihrem dereinstigen Unglück so meisterhaft gelegt ist.

Nimm dazu, daß die jetzigen politischen Verhältnisse eher schlimmer als besser werden können und daß eben dadurch der Kaufmann am meisten verliert; dann rechne noch dazu, daß diese einmal verblendeten und schon zu tief in die Verschwendung geratenen Menschen sehr schwer von der einmal eingeführten luxuriösen Haushaltung abzubringen sein und immer noch glauben werden, als lebten sie in den Zeiten des blühenden Handels, so kannst du dir von selbst den richtigen Schluß machen, daß Bankrotte auf Bankrotte erfolgen und die ehedem respektabelsten Häuser in Bettelfamilien metamorphosiert werden müssen.

Gute Aussichten! Herrliche Aspekten! Womit wollt ihr verarmte Prasser euch dann ernähren, wenn man euch Gefallenen auch die letzte Hoffnung und Aussicht nimmt, doch wenigstens, wie so oft der Fall war, andere Menschen um das euch anvertraute Gut zu betrügen? Wer soll euch Elende unterstützen, wer euch unter die Arme greifen, da ihr sonst von der Zinne eurer Hoheit so verachtend auf das übrige Lumpengesindel herabsaht wie der Sonnenadler auf den kleinen Zaunkönig?

Und fände sich denn ja endlich ein mitleidsvoller Bruder, der sich aus Rücksicht für eure ehrwürdigen Väter eurer Ohnmacht erbarmte und euch in seine Dienste nähme, ach, wie wollt, wie könnt ihr nur dem kleinsten Geschäfte vorstehen, da ihr geilen Pilzen gleich in Üppigkeit heraufwuchst und Kenntnisse euch stets nur Nebensache waren? Man borgt großmütig, lebt prächtig und verdirbt hochadelig!!

Lieber Baron, ich muß abbrechen von diesem Kapitel. Oh, wie sie mich jammern, die Verblendeten!

v. N. N.

Zehnter Brief

Daß dir die Bemerkungen in meinem vorigen Briefe einige nicht unangenehme Stunden gemacht haben, freut mich um so mehr, da ich aus der deinem werten Schreiben an mich beigefügten Bitte, dir nächstens über die in Leipzig gangbaren Freudenhäuser vor allen andern bestimmtere Auskunft zu geben, den sichern Schluß ziehe, daß der Beifall, den du meinen vorigen Beobachtungen geschenkt hast, nicht bloß leere Schmeichelei, sondern vielmehr ein auf meine Unparteilichkeit gesetztes unbeschränktes Zutraun sei, das dem ehrlichen Manne, und also auch mir, deinem Freund, durchaus verbietet, aus einem Nichts ein Etwas zu bilden, aus allem Gift zu saugen und immer nur zu tadeln, wo jeder andere vielleicht Stoff fände zu billigen.

Je sorgfältiger ich mich nun aber bestreben muß, in allen folgenden meiner Briefe ebenfalls dies ehrende und rühmliche Zutrauen zu verdienen, so kann ich doch auch ohnmöglich deiner dringenden Bitte länger widerstehen und will dir daher über die hiesigen Freudenhäuser alles treu referieren, wie ich mit eignen Augen es sah und fand.

Mein nächster Gang, lieber Baron, war nach dem Siolischen Keller gerichtet, wo man, wie in allen übrigen Italiener-Kellern, mit Wein und andern dahin einschlagenden Artikeln bedient wird, nur mit der sonderbaren Ausnahme, daß man hier noch andere Phänomene wahrnimmt, die man in den übrigen oft so ungern vermißt. Schon seit geraumer Zeit stand dieser Ort eben nicht in dem vorteilhaftesten Rufe, und ob er ihn wirklich verdiene, mag die folgende Erzählung enthüllen.

Es war schon Abends neun Uhr und der Himmel regnericht, als ich diesen Tempel der Freude betrat. Lange wurde ich nichts Verdächtiges gewahr, saß da ganz allein und verlassen und fing deshalb schon an, der hundertzüngigen Fama ein derbes Kapitel zu lesen und mit schneller Hast meine Flasche zu leeren.

Des Wirts Tochter erschien, und ich witterte schon von fern am Eingang der Tür ihre balsamische Ankunft, so arg war das ehrbare Kind durchräuchert und parfümiert. Beim Eintritt machte sie mir die artigste Verbeugung, die ich als Gast nur immer erwarten konnte, allein Blick und Miene waren die nicht, die ich wünschte.

Ihre Unterhaltung, für jeden andern vielleicht naiv genug, fing an, mir lästig zu werden, und schon war ich im Begriff, das letzte Glas zu leeren und meine Schöne dem Erstaunen über einen so seltsamen Fremdling zu überlassen, als sich wie im Reiche der Feen plötzlich eine Seitentür öffnete und ein Mädchen heraustrat, über deren Grazie ich staunte.

Jetzt drängte sich mir zum erstenmal der Gedanke auf, wo ich war!

»Würden Sie die Güte haben, schönes Mädchen,

und neben mir Platz nehmen?« sprach ich, und auf die einnehmendste, doch bescheidenste Art folgte die Schöne meiner Bitte.

Diese artige Bescheidenheit zog sie mit einmal näher an mich, und ich glaube, so schön sie war, ich hätte sie dennoch verachten können, wenn sie statt dieser liebenswürdigen Zurückhaltung – Frechheit gezeigt hätte. Nach einigen Komplimenten, die ich ihrer Schönheit machte, wurde das holde Mädchen gesprächig; ihr Mund lächelte so süß, in ihrem Auge glaubt ich ein so verstecktes wollüstiges Feuer zu bemerken, daß ich anfing, beherzter zu werden.

Du kennst die Berliner Griffe, lieber Baron, und kurz und gut, auch bei meiner liebenswürdigen Schönen suchte ich sie in Ausübung zu bringen, machte unter dem Tische allerlei Experimente, und da meine Angebetete keinen Unwillen zeigte, sondern vielmehr allmählich in ein sanftes Stöhnen verschmolz, so fuhr meine Hand leichtsinnig durch den Schlitz ihres dünnen Röckchens hindurch und gerade hin zu dem Ort, wo die Wollust ihren Sitz hat. Und, lieber Baron, ohnmöglich konnt ich hier dem Anziehenden widerstehen. O hättest du das schöne Kind (und schön war sie gewiß, mochte auch ohngefähr erst achtzehn Jahre zählen) mit ihren Purpurlippen und ungeschminkten Rosenwangen gesehen; hättest du gesehen, wie ihr wollusttränendes Auge schmachtend auf das meine fiel, wie meine Hand auf ihrer stark bemoosten Liebesgrotte zitterte, wie ihr Atem bei meinem Kützeln nur schwach noch stockte, – ach, wie sie dann so hingebend sich an mich anschmiegte, – wahrlich, Baron, du müßtest von Stahl und Eisen sein, wenn sich hier deine Empfindungen nicht regten.

Mein Blut wirbelte, meine Sinne schwanden, brennender wurden des Mädchens Küsse, und ich zeigte ihr die Stärke meines Verlangens. Plötzlich zog sie mich nach sich, und in einem Nu waren wir in einem niedlichen Schlafzimmer!

Aber wie soll ich dir meine Wollust malen, lieber Baron? Bei Gott, nie empfand ich noch, was ich heute bei diesem engen Mädchen empfand. Ihr sanftes zärtliches Wiederholen jeder meiner Bewegungen, ihre vollen unverwelkten Reize, die in ihrer jungen Blüte ausgegossen vor mir auf dem Bett lagen, und dann die brennende Begierde, ihre Lust zu stillen, Himmel, sie verdoppelten alle Empfindung.

Unsere Wünsche waren befriedigt und die Wollust gesättigt, ich zog meine Börse, um ihr zu danken.

Aber plötzlich änderte sich die ganze Miene des Mädchens, auf ihrer Stirn thronte Unwille. »Mein Herr«, sprach sie mit einer alles bezaubernden Würde, »ich bin keine Verworfene, die Sie bezahlen können; ich werfe mich nicht in die Arme jedes viehischen Unmenschen, am wenigsten aber für Geld. Behalten Sie es oder geben es einer Armen, und erinnern Sie sich dann und wann an ein weibliches Geschöpf, das sehr oft, aber nur zuweilen in der Stunde der Anfechtung nicht widerstehen kann!« Sie drückte hierauf noch einen feurigen Kuß auf meine

Lippen, belohnte Wollust schwamm in ihrem Auge, ich verließ ihr Zimmer, und sie verschloß es.

Das ist doch sonderbar, wirst du sagen, und ich selbst dachte damals nicht anders; ich war wie in einem Traume, und ungewiß, wie ich mich hierbei benehmen sollte, verließ ich spät in der Nacht diesen Keller, erkundigte mich den zweiten Tag etwas genauer nach diesem sanften Plätzchen der Liebe, habe es noch einigemal besucht und oft noch gratis in den Umarmungen meiner göttlichen Schönen, eines verheirateten Weibchens, gelegen.

Teufel und Hölle, wirst du sagen, ein Weib? Glaube mir, lieber Baron, ich war in keiner geringen Verlegenheit, als ich aus dem Munde dieser Schöpferin so viel süßer Freuden hörte, daß sie das Weib eines hiesigen Handelsmanns sei. Nie konnte mir der verdrüßliche Gedanke beikommen, Eingriffe in die Rechte eines andern zu tun, so frisch, so unberührt schien mir dieses göttliche Geschöpf; bei jedem Genuß glaubte ich die Erstlinge eines schwelgerischen Frühlings zu brechen.

Kaum hörte ich also aus ihrem Munde dies unbefangene Geständnis, so ahndete ich unter dem schönen Rosengebüsch die lauschende Natter, ich ahndete Betrug und wohlangelegte Überraschung von seiten des beleidigten Gatten. Sage mir, lieber Baron, war dies nicht der vernünftigste Gedanke von der Welt?

Aber wie täuschte ich mich diesmal. Die Schöne merkte gar bald meine Verlegenheit und war nicht grausam genug, mich länger in dieser folternden Unruhe zu lassen; wonnetrunken schlang sie ihre schönen runden Arme um meinen Nacken, küßte jede ängstliche Besorgnis liebevoll von meinen Lippen hinweg und erzählte mir endlich die Geschichte ihres Lebens und ihrer Leiden. So schön, angenehm und bezaubernd dies Weib war, so sonderbar waren im Gegenteil auch ihre Schicksale, die wohl verdienten, von den Händen eines geübten Biographen bearbeitet zu werden. Läge es nicht zu weit außer dem Gesichtskreise gegenwärtiger Briefe, so würde ich nicht anstehen, wenigstens das wesentlichste daraus dir mitzuteilen, doch mündlich will ich dir die ganze Geschichte dieses seltenen Weibes umständlicher erzählen und hier nur den Beschluß ihrer Rede beifügen, der mich dann aller weitern Erklärungen in Hinsicht des ›Siolischen Kellers‹ überhebt:

»Sehn Sie«, schloß das göttliche Geschöpf, »sehn Sie, mein Lieber, so kam ich in die Hände eines Tigers und – eines ganz entkräfteten Wollüstlings. Ungeschwächte Kraftfülle strotzt noch in meinen jungen Adern, und glühendes Feuer ungelöschter Lust brennt zuweilen in meinem Innern beim Anblick eines saftvollen Jünglings. Werden Sie die Dürstende wohl entschuldigen, daß sie sich an den Bund einiger Unglücksgefährtinnen anschloß, die gleiches Schicksal hierherführt? Hören Sie meine Gründe: Wir würden uns schämen, jedem elenden Wüstling uns preiszugeben, und einen erklärten Liebhaber uns zuzugesellen erweckt langweiligen Überdruß und endlichen Ekel, nicht dazugerechnet, daß wir Gefahr liefen, auf diesem Wege gebrandmarkt zu werden, da wir hier (in ›Siolis Keller‹) so sicher und so ungestört der Liebe uns überlassen können, die im Verborgenen ihre Geweihten so süß lohnt. Fast täglich kommen wir also hier bei nächtlicher Weile zusammen und – rächen uns für die Ohnmacht unserer mark- und kraftlosen Männer. Zwar sind auch seit kurzem einige Ledige unserm Bunde einverleibt, und diese stehen denn meistens im Dienst unseres Wirtes und zahlen ihm die Hälfte ihres Gewinns; die mehrsten aber sind verheiratete Weiber und lohnen mit ihrer Gunst dem, der ihnen gefällt, aber nicht jedem, der sie heischt. Wir treiben keinen Wucher mit unserem Genuß, lassen dagegen uns aber auch das Recht nicht nehmen, nach Gefallen zu wählen und zu verwerfen. Wir genießen unsere Lieblinge mit Mäßigkeit, und immer kehren sie daher mit verneuerter Zärtlichkeit in unsere Mitte zurück. Wir geben ihnen nichts von dem Gifte gewöhnlicher Dirnen, sie bleiben gesund, und unser Wirt hat immer zahlreichen und angesehenen Besuch. Wir sind nicht eifersüchtig und genießen oft in einem Abend die süßen Früchte mehrerer Bäume. Die Messen sind unserer Liebe nicht hold, wir fürchten ausländische Pest und – dürsten daher lieber in diesen langen vier Wochen. Nur mich führte an jenem seligen Abend, an welchem Sie mich zum erstenmal so glücklich machten und so süß mit ihrer vollen Liebe lohnten, ein unnennbares Gefühl, ein unwiderstehlicher Drang hierher. Ich sah Sie, und meine Begierden erwachten; ein Glück für meine Leidenschaft, daß Sie zuerst begannen, ein sanftes Gefühl für geheime Freuden zu empfinden, sonst war ich in Gefahr, meine Wünsche zu verraten, oh, und dann hätte ich vielleicht so manche göttlich schöne Stunde weniger gehabt! Nochmals, holder Mann, wie danke ich Ihnen für den Vollgenuß Ihrer kraftvollen Ergießungen; verachten Sie aber nie das schmachtende Weib, das so feurig sich Ihnen dahingab, und, die einzige Bitte, schonen Sie unter rohen Jünglingen meine Ehre!«

So sprach dies seltene Weib, drückte noch einen brennenden Kuß auf meine glühenden Lippen, errötete und – verschwand in ein nebenanstoßendes Zimmer.

Würdest du nach dieser Erklärung wohl getan haben, lieber Baron, was ich nun tat? Ich verließ schnell dieses Weib und diesen Ort und – sah sie und ihn nie wieder.

Du weißt nun, was du von diesem Tempel der Freude zu urteilen hast, und ich will daher nur noch soviel zu seiner Empfehlung hinzufügen, daß kein Amtsknecht, kein Gerichtsfrohn und kein Pedell dich hier in deinem süßen Minnespiele stört, und daß dieser Frieden seine gute Ursach habe, wirst du auch ohne mein Zutun erraten. Leb wohl.

v. N. N.

Eilfter Brief

Nicht ohne Widerwillen und Abscheu gehe ich nun zu einem andern, weit verrufenern und niederträchtigern Orte der Wollust über, der zwar nicht unmittelbar in den hiesigen Ringmauern selbst liegt, der doch aber im eigentlichsten Sinne ein Sammelplatz der Leipziger Wollüstlinge ist.

Der Schauplatz ist in dem Wirtshause zu Gautzsch, und der Directeur, welcher seiner verdächtigen Wirtschaft halber schon einmal das Zuchthaus besuchen mußte, heißt Haase.

Hier soll man jedem Unbekannten zurufen: Uhr und Börse in Obacht genommen, denn hier eben ist das Haus, wo schon mancher Leipziger Ehemann, Jüngling und Pfarrherr geplündert, halb nackend und – ohne Perücke wieder zurückkehrte. Die hier befindlichen Mädchen sind meistens alle abgerichtet, ihre Liebhaber in das feinste Gewebe des Unglücks zu verstricken. In und außer den Messen schleicht bei trüben Tagen ein Schwarm alter und junger Ritter verstohlen in diesen Tempel der Freude und läßt sich's für sein schweres Geld wohl sein im Schoße der verworfensten Dirnen.

Meistens sind es schon abgediente Huren und ausgemergelte Nymphen, nur durch den künstlichen Anstrich noch erträglich und für den viehischen

Wollüstling reizbar durch ihre freche Geilheit.

Ihr Wirt verschreibt sie vor angehender Messe aus Halle oder Berlin, läßt auf gute Hoffnung mit der Post sie einschreiben, und nimmt sie in Eutritzsch (dem letzten Dorfe vor Leipzig) in Empfang und führt sie bei dämmernder Nacht in seine Mordhöhle.

Den andern Tag wissen schon seine Leipziger Kundleute die neu angekommene Ware, und um die Sache noch ruchbarer zu machen, wird eine der Dirnen in die Form eines Dienstmädchens verkleidet, nimmt einen geflochtenen Handkorb und geht mit der dicken Frau Wirtin nach Leipzig zu Markte, wo sie denn den ganzen Vormittag die Gassen herumstreicht und jedermann figürlich sehen läßt, daß frische Lieferung da sei. Wer Lust hat, wallfahrtet von dato hinaus, die Mädchens flattern mit weißbestaubten Köpfen, langen Kleidern und Strohhüten von einem Herrn zum andern und machen auf Börsen, Uhren und – Barmherzigkeit Jagd.

Soll man dich bei einem künftigen Besuch mit keiner scheelen verdrüßlichen Miene empfangen, so sei beim ersteren dein Tribut nicht unter einem Dukaten, denn so viel, und dies ist noch billig gerechnet, mußt du jedesmal aufwenden.

Nach beendigter Messe werden die Dirnen ihrer Dienste entlassen und nur etwa eine oder zwei in Reserve behalten, die sich um desto höher und besser verinteressieren, da auch Diener des Herrn und alte reiche Hagestolze das ungestüme Wetter zuweilen in diesen Schlupfwinkel des schändlichen Lasters hereintreibt, und die dann immer darum schon doppelt und dreifach ausfallen müssen, weil sie zugleich für die nötige Verschwiegenheit mitzahlen, die aus Gründen unverletzlich gehalten werden muß.

So sicher man denn auch endlich vor Überraschung und plötzlichem Einbruch der Justiz auf diesem Platze schon darum sein kann, weil die in dem Dorfe wohnenden Bauern mit dem Wirte in der genauesten Verbindung stehen und selbst gern außer dem ihrer alltäglichen Weiber auch zuweilen fremdes, niedlicheres und delikateres (?) Fleisch kosten und mit ihren Bauerhacken in Stadtlöchern herumwühlen mögen, so würde ich dem allen ohnerachtet dennoch einen jeden, wessen Standes und Würden er auch immer sei, auf das brüderlichste warnen und ihm abraten, ja dies gefährliche Haus nie zu besuchen, wenn einmal die böse Stunde der Anfechtung schlägt, denn – für seine Gesundheit sowohl als für seinen Beutel ist gleich übel gesorgt!

Im Rufe gleich großer, wo nicht noch größerer Niederträchtigkeit steht der wegen seines Billards schon längst berüchtigte, in des Fiskal Müllers Garten wohnende Hurenwirt Rüdiger. Schon der bloße Name des Besitzers und Eigentümers allein könnte machen, daß man mit einer vorgefaßten, übeln und widrigen Idee an diese Gartenwirtschaft anginge; denn abgerechnet, daß dieser bockfüßige Satyr von jeher darauf bedacht war, seinen Fiskus durch Erbschleicherei, Defraudationen und hinterlistige Kabalen so in Aufnahme zu bringen, daß er jetzt schon, da ich dies schreibe, Besitzer dreier Häuser ist, zu welchen allen er, seinem ehemaligen beschränkten Vermögen zufolge, nicht einmal einen Dachstein hergeben konnte, sondern die meistens alten Witwen gehörten, zu deren Kurator er sich, Gott weiß auf welche Art, zu machen wußte, und dann in ihren letzten Sterbestündleins ein Testamentchen aufsetzte, wovon vielleicht die schwachen sinnlosen Weiber keine Silbe verstanden; dies alles, wiewohl es nur zu sehr in der Wahrheit beruht, um bestritten werden zu können, abgerechnet, so ist noch überdem dieser scharmante Fiskal in der Liste der Leipziger Hurenadvokaten mit Recht als einer der verworfensten aufgestellt, und du wirst dich also wohl nicht wundern, wenn sich jetzt Abepachter (Rüdiger) auf den mit Verpachtern abgeschlossenen Mietkontrakt beruft, worin zwar vom Anfang bis zum Ende allen Exzeptionen, Rechtsbehelfen und Ausflüchten wider richtige Abtragung des Mietzinses feierlichst renunziert, dagegen aber ausdrücklich die freie Willkür ihm nachgelassen worden, so viel Freudenmädchen zu bewirten, als seine Stuben nur immer halten wollen.

Wollte demnach Abepachter den unter dieser gütigst nachgelassenen Willkür versteckten Wünschen Herrn Verpachters getreulich nachzuleben unterlassen, so würde sogleich Exceptio non adimpleti contractus für ihn daraus erwachsen, Verpachter aber manche süße Stunde entbehren und Abemieter nächstens dies zur Liebe so wohl gelegene Plätzchen gezwungen werden zu verlassen.

Allein Rüdiger macht sich jene stillschweigende Kondition so gut zunutze, als man von einem verworfenen und ganz abscheulichen Menschen nur immer erwarten darf. Oh, wie manches Mädchen, sowohl fremd als einheimisch, wurde hier ein Raub des Lasters und der Verführung.

Unter dem Vorwand, Mägde in seine Dienste zu nehmen, und unter dem Versprechen und der heiligsten Versicherung, sie glücklich zu machen, verführt Rüdiger manch unschuldiges Mädchen. Der gute Tisch, elegantere Kleider, das freie, ungezwungene und reizende Leben gefällt dem unerfahrenen Geschöpf, es wird frisiert, bekommt kleine Geschenke – dadurch wird der Hang zur Hurerei reizend und das unschuldige Mädchen, dem diese Neuheit gefällt, ist unbemerkt in dem Gewebe des Lasters verstrickt.

Hier findest du die jüngsten, blühendsten und noch unverdorbensten weiblichen Geschöpfe, die, durch Rüdigers hinterlistige Versprechungen angereizt, von ihren bisherigen guten Herrschaften und von einem vielleicht sehr vorteilhaften Dienste sich losmachten und zu einem Manne übergingen, der die schuldlosen Unerfahrenen der Geilheit eines alten Wollüstlings aufopfert, der freilich für eine unverblühte Rose doppelt soviel bezahlt als für eine vom Stich des Wurms und dem Pesthauche giftiger Ungeziefer schon halb entblätterte Viole.

Auf diese Art wird Rüdigers Serail von Verschnittenen und unverschnittenen nie leer, das arme Mädchen wird aus einem Strudel in den andern geworfen, ist oft in diesem Wirrwarr des glänzenden Elendes kaum ihrer Sinne mehr mächtig, erwacht vielleicht nach Jahren erst aus ihrer unglücklichen Betäubung und verflucht ihren Verführer dann, wann es schon zu spät ist und Rüdiger sie als eine nicht mehr Dienstfähige ausmustert und zerlumpt, von allem entblößt, aus seinem Hause jagt.

Gleich sonderbar und neu ist die Methode, die Rüdiger sich zu eigen gemacht hat, um aller Welt ein neu angekommenes Schlachtopfer zu verkündigen.

Rüdiger pflegt dann gewöhnlich in den Zeitungen ein vollständiges und regulär gebautes Billard mit Bällen, Queues und allem dem anhängigen zu avertieren, und dann ist er schon versichert, daß seine stoßgeübten Spieler von selbst kommen.

Ein hiesiger berühmter Rechtslehrer, der D. B., welcher den Sinn dieser Annonce so eigentlich verstand, wie ihn vielleicht jeder verstehen würde, der nicht in das Mystische dieser seltsamen Sprache eingeweiht ist, kam vor einigen Jahren in die Verlegenheit, auf Rüdigers Avertissement bei diesem Ehrenmann ein solch Billard zu suchen, und fand zu seinem Erstaunen zwar ein dergleichen bereitstehendes, allein es war kaum noch das Geld für die Ankündigung wert, und erst in einer Seitentüre sah der Hochverwunderte, daß es noch andere Spielbrette gebe, die kein Tapezierer zu überziehen braucht, wo man kein Queue abzuraspeln nötig hat und wo jeder Ball zum Loche führt.

Allein die Juristen sehen sich lieber in ihren Akten um, und Herr Rüdiger bedauerte einige Minuten darauf die undankbare Mühe, die er sich gegeben hatte, den unerweichlichen Rechtslehrer in andere als juristische Archive zu führen.

Nie war wohl ein Bösewicht reifer zur verdienten Strafe als Rüdiger zum lebenslänglichen Zuchthause. Ich will die gütige Justiz der Antwort überheben, wenn ich sie fragte, warum es bis jetzt noch nicht geschah, daß man dies Ungeheuer dahin brachte; sie möchte erröten und stocken, und Rüdiger bliebe doch, wo er ist, und es würde ihm deshalb kein Haar gekrümmt.

Rüdiger bezahlt an den Fiskal Müller terminlich seinen Zins, gibt der Signoria von seinem Billard richtig die Abgaben und – kann dafür doch auch wohl Sicherheit verlangen?

Noch gibt es überdem einige andere Freudenhäuser obiger Art, die jedoch von den vorigen durch nichts Wesentlicheres unterschieden sind und mich deshalb auch von dem unangenehmen Geschäft überheben, weitere Reflexionen über diesen schlüpfrigen Gegenstand zu machen. Die Verhandlungen sind in dem einen wie in dem andern gleich ebenmäßig und immer dieselben, höchstens etwa mit dem kleinen Unterschiede, daß man aus dem einen mit halber, aus dem andern mit ganzer Schule davonkommt; daß man in dem einen mehr, in dem andern weniger geprellt wird; daß man in dem einen sicherer sein kann vor der einbrechenden Justiz und in dem andern unter Furcht und stetem Zagen kaum wagen darf, die Hosen beiseite zu legen.

Ein einziges, besonders verrufenes Haus wäre mir zwar noch übrig, nach seiner Eigentümlichkeit dir zu beschreiben, allein es ist zu verworfen und viel zu tief unter alle Kritik erniedrigt, als daß ich mich nicht schämen müßte, meine Feder damit zu besudeln.

Doch den Namen seines Wirts will ich der Sonderbarkeit halber dir demohnerachtet nicht verschweigen: man nennt ihn vulgo Käsekoch. Sein Anzug gleicht dem eines Renommisten: mit klirrenden Sporen und einem ungeheuren Hute angetan, die Wangen mit roter Farbe beschmiert, geht dieser Elende umher, seiner angesehenen Familie zur Schande und dem Magistrat zum Trotz. Viel Männer sollen besonders in seinem Haus ihre ehelichen Tangenten messen und zum öfteren singen: Variatio delectat.

Niemand hat bessere Zeit bei diesem saubern Kumpan als die Herrn Rechtspraktiker, die meisterlich wieder ausfegen, was seine Freudenmädchen ihm einbringen. Herr Adv. Hayn, Schmidt und D. Kerzel sind gewöhnlich seine rechtlichen Beistände, und ich darf dir ja bloß die Namen dieser Herren nennen, um dir zugleich zu versichern, daß bei ihnen kein Borg-Konto stattfindet.

Und somit hätte ich denn nun auch den letzten

abgefertigt, und das Kapitel von den gangbaren Leipziger Freudenhäusern wäre demnach zu meiner größten Freude beendigt. Im nächsten Briefe werde ich dir mit etwas interessantern Bemerkungen aufwarten, und bis dahin empfehle ich mich deiner fortdauernden Freundschaft.

v. N. N.

Zwölfter Brief

Die Ankündigung des ›Othello‹ führte mich gestern ins hiesige Schauspielhaus. Das Äußere dieses Tempels der Thalia spricht nicht sehr für seine Empfehlung; er ist klein, unregelmäßig gebaut und scheint unter diejenigen heiligen Gebäude zu gehören, bei denen man es wie an alten Kirchen, Amt- und Rathäusern für ein Verbrechen hält, auch nur einen Stein zu verrücken oder die alte verwetterte Grundfarbe mit einer gefälligern neuen zu vertauschen. Zwar ließ sich erwarten, daß der hiesige Magistrat, welcher vor einiger Zeit dies Gebäude einer Leipziger Wittib abhandelte, auch hier eine Änderung treffen und seinem verdienten Baudirektor Gelegenheit geben würde, wieder gutzumachen, was er beim bekannten Straßenbau so unverantwortlich verdarb; allein, ist man über die Einrichtung des neuen Baues noch nicht einig (wiewohl dies bei dem einen Sinne, der hier herrscht, nicht füglich anzunehmen ist), oder hat dies alte Gebäude in dem Herzen und Gehirn der hiesigen Senatoren wirklich das Jus sanctum et inviolabile, welches jede Änderung nachdrücklich verbietet, kurz, man sieht auch beim neuen Dominio noch immer keine Anstalten zu einer für Zuschauer und Schauspieler so unumgänglich nötigen Metamorphose dieses einem verwünschten Schlosse nicht unähnlichen Gerumpels.

Von dem durch die halbe Welt bekannten und berüchtigten Leipziger Parterr, einem wahren Flegelkonvente, will ich dir nichts sagen; es ist zu oft schon gerügt worden, und dies Unwesen wird auch wohl hoffentlich so lange fortdauern, bis sich Rat und Universität enger vereinigen und Militärwachen hineinbringen, welche die ungesittete Brut entweder mit Kolbenstößen zur Ruhe verweisen oder so lange auf die Pritsche schmeißen, bis die eigentliche Obrigkeit des Tumultuanten ihm ein anderes Quartierchen anweist und (nur nicht durch Geldbußen!) zur gerechten Strafe zieht; ich will mich hier so kurz fassen wie mein Vorgänger Rabiosus und wie er bei Kästners Epigramm mich beruhigen:

A. Ich glaube an kein wütend Heer.
B. Freund! warst du nie im Leipziger Parterr?

Vorzüglich ist man hier im Applaudieren unerschöpflich, und mancher junge Fant klopft sich würklich beinahe das Bast von den Händen.

Doch bei einem Auftritte, den ich hier erlebte und mit anzusehen genötiget war, kann ich ohnmöglich stillschweigend vorübergehen; er ist in seiner Art so eigen und lächerlich zugleich, daß er mir allerdings eine kleine Erwähnung zu verdienen scheint, die ich dir um so weniger vorenthalten darf, je sichtlicher sie zu einem neuen Beweise beiträgt, daß die Leipziger Musen von Tage zu Tage mit Riesenschritten sich immer mehr dem Gebiete der Unsittlichkeit nähern.

Noch war der Vorhang nicht eröffnet, und eine in melancholischen Tönen sanft dahinschmelzende Musik wehte schon im voraus die Ahndung künftig trauriger Szenen ins fühlende Herz, als es plötzlich im Parterr ganz ungewöhnlich lebhaft ward.

Alle Köpfe waren in die Höhe gerichtet, ein Scharren, Kratzen, Pochen und Pfeifen übertäubte den sanften Schwung der göttlichen Musik.

Auch ich wendete endlich meine Augen nach der Loge hin, nach welcher alle Blicke stierten, und was wirst du sagen, lieber Baron, wenn ich dir versichere, daß ich nichts mehr und nichts weniger als bei dämmernder Nacht die blendenden Strahlen einer goldnen Sonne sah? Du wirst mich nicht begreifen, doch höre einstweilen den weitern Verlauf.

Die Parterristen, des Tags Last und Hitze müde, froh beim Schatten der kühlenden Nacht, drohten die Feste dieses Elementes zu stürmen. Alles schrie und lärmte, aus aller Munde nur ein Gekreisch: Sonne, Sonne, hinaus! Wahrlich, die Sonne erblaßte ob diesem Toben der Söhne der Erde, sie zog sich zurück, und – ihrem Verschwinden folgte ein lautes Gelächter.

Was sagst du hierzu, lieber Baron? Freilich galt diesmal der Unwille einer Sonne, die schon oft den Tag zur Nacht und die Nacht zum Tage gemacht hatte. Sonderbar und komisch sah die Sonnenträgerin allerdings aus, und kaum konnte man sie ansehn, ohne geblendet zu werden, so strahlend und schimmernd war das Licht der an ihrem Kopfputze künstlich angebrachten, ziemlich breiten goldenen Sonne. Es war freilich ein sonderbarer und komischer Einfall, mit erborgten Strahlen zu glänzen, allein das ganze Wesen dieses sonst so gefälligen Weibes ist ja komisch, denn eben ihr (und das ist denn doch wohl komisch genug) war es vor Zeiten das süßeste Geschäft, eigenhändig ihrem Leibkutscher die Manschetten zu waschen und ihren lieben Mann auch allenfalls ohne Hosenboden herumlaufen zu lassen.

Allein berechtigte wohl dies alles jene ungesittete Rasse zu einem so abscheulichen, verachtungswürdigen Benehmen? Ich überlasse deinem eigenen Nachdenken die Resultate und wende mich versprochenermaßen zu den einzelnen Gliedern der hiesigen Schauspielergesellschaft selbst. Soviel wird dir hoffentlich schon bekannt sein, daß alle Messen, jetzt auch den ganzen Sommer über, die Dresdner Hoftruppe nach Leipzig sich wendet und Leipzig also für sich keine eigene Schauspielergesellschaft unterhält. Der Unternehmer, Franz Sekonda, ein ganz artiger Mann, nur leider kein Kenner seines Fachs, überläßt das Direktorium und die ganze Regulierung des gesamten theatralischen Wesens seinem Regisseur Opitz.

Schon in Berlin wurde, wie du dich denn dessen recht gut erinnern wirst, wenn zufällig die Rede auf das Leipziger Schauspiel kam, immer sehr verschieden und zweiseitig vom Spiel dieses Mannes gesprochen, und nie kann ich mich entsinnen, über seine Verdienste nur eine Stimme gehört zu haben, wie etwa bei seinem Vorgänger, dem bekannten und geschätzten Reinecke, der Fall war.

Selbst hier in Leipzig, wo man doch so gern vergöttert, sind dic Stimmen geteilt, er findet, wie fast ein jeder, seine Anbeter und seine Tadler. Ich kann mich nun zwar auf keinen Fall als kompetenten Richter aufwerfen, doch ganz darf meine Stimme auch nicht verworfen werden, allein leider muß ich's gestehen: sie kann nicht immer zu Herrn Opitzens Lob ertönen.

Ich bin nicht in Abrede, daß Opitz gewisse Rollen ganz vorzüglich spielt, und würklich sucht er zum Beispiel im ›Schwätzer‹ seinesgleichen; allein seine Mimik, seine Gestus und seine Deklamation in Heldenrollen mag mir loben, wer da will, ich kann durchaus nicht mit beistimmen, denn immer höre ich nur beim Entbrennen seines Feuereifers die kreischende Lärmposaune ertönen.

Einer sanften Mäßigung, eines von Stufe zu Stufe aufwallenden Unwillens und eines gradatim sich regenden Zornes muß Herrn Opitzens abgestumpftes Nervensystem durchaus nicht mehr fähig sein, denn da, wo Reinecke in gerechten Zorn geriet, braust Herr Opitz schon auf zu einem unmäßig und unnatürlich tobenden Wüten.

Opitz sprudelt und fletscht die Zähne gleich einem angeschossenen Eber, und angenehm und ratsam ist es wahrlich bei diesem Rasen nicht, nahe an seiner erzürnten Seite zu stehen.

Und eben dann, wenn er so fürchterlich wütet,

eben dann, wenn er schreit und brüllt und wohl gar ohne Not in epileptische Zuckungen verfällt, eben dann findet dieser Opitz vom Parterr an bis zur Galerie den ungeteiltesten Beifall. Man liebt hier nun einmal das Unnatürliche, und das Leipziger Publikum schätzt sich daher sehr glücklich, zu seinen Heldenrollen einen Opitz zu haben. Auch in Liebhaber-Rollen agiert er mir zu zärtlich und gerät zuweilen in solches Entzücken, daß man aus den stieren Blicken und klammerartigen Umarmungen oft schließen sollte, als habe er nicht wenig Lust, auf der Stelle das Unterröckchen seiner Amasia zu sondieren, und das nenne ich mir doch wohl den Liebhaber sans pareille gespielt!

Jedoch alles dies wollte ich recht gern ungeahndet lassen und Opitzens Verdiensten und Vorzügen im Konversationston (wiewohl man auch hier das wahre Herzliche nur zu oft vermißt und es schon darum nicht erwarten kann, weil der neidische, hämische Dämon der Intrige Herrn Opitz auch selbst auf die Bühne begleitet und vielleicht gerade in dem Augenblicke einen teuflisch feindseligen Blick auf den Mitakteur werfen läßt, den er soeben nach dem Geheiß seiner Rolle als Bruder umarmen soll!) mit Vergnügen auch meinen Tribut zollen, wenn nur diese Talente nicht gar zu auffallend und schrecklich durch die unerhörten und niederen Kabalen verdunkelt würden, in welchen Opitz sich gleichsam zu verzehren scheint.

Einen ränkevollern, hinterlistigern und kriechendern hofmännischen Schurken kannst du dir kaum denken, als wirklich dieser Opitz, das Nonplusultra aller erdenklichen Kabalen, mit Recht genannt zu werden verdient. Nie mißbrauchte wohl ein Regisseur die kleine ihm zugestandene Überlegenheit auf eine unverantwortlichere Art als eben dieser.

Wie muß sich da der Schauspieler winden und krümmen, wie sich drehen und wenden, um nur immer seine Unbescholtenheit und guten Namen mit Opitzens Kabalen in einem richtigen Gleichgewichte zu erhalten und nicht in eine Grube zu fallen, die oft so fein verdeckt ist, daß sie nur der gleich schlaue Hofmann zu ahnden vermag.

Jedoch die älteren Mitglieder der Gesellschaft kennen schon aus langer Erfahrung ihren Mann und entgehen durch kluge Vorsicht und zuvorkommende Artigkeit (obschon im Herzen die gerechteste Verachtung) Opitzens Filuterien.

Durch treue Erfüllung ihrer Pflichten, durch gewissenhafte Beobachtung ihres Berufs und endlich durch unbescholtenen Wandel haben sie sich hinter ein so festes Panier verschanzt, daß von Herrn Therings, Bösenbergs, Haffners und Christs eisernen Brust Opitzens giftigste Pfeile abprallen. Nur Herr Schirmer schien ehedem noch die Achse zu sein, um welche sich unaufhörlich Opitzens Kabalen herumdrehten, allein auch dieser hat dem Kläffer das Maul gestopft, und auch er hat nun Ruhe.

Nur neuankommende Mitglieder müssen noch sehr lange mit Verfolgung und Intrigen kämpfen, ehe sie zum Zweck kommen, und schon so mancher vortreffliche Schauspieler, dem ein unaufhörliches Ringen mit Hinterlist und geflissentlicher Bosheit bisher fremd war und der ebendeshalb nicht Kraft genug sich zutraute, im Wellengestürm eines so gefährlichen Strudels stets obenan zu schwimmen, verlor schon beim ersten Eintritt alle Lust, in einen so unsichern Hafen sich einzuschiffen, und auf diese Art wurde denn die Sekondaische Gesellschaft um manchen schönen Zuwachs betrogen.

Für keinen Akteur aber wird es bedenklicher, für keinen gefahrvoller, bei dieser Truppe Engagement zu suchen, als für den, welchem der Zufall ein schönes Weib an die Seite gesellte.

Hier bietet denn nun Opitz alles auf, was nur immer seine gesunkenen Kräfte vermögen, um beide so in sein Netz zu verstricken, daß sie den Betrug oft dann erst gewahr werden, wenn es schon zu spät ist, sich wieder loszuwinden.

Als ein viehischer, wiewohl schon ganz geschwächter Wollüstling ist Herr Opitz schon zu sehr und allgemein bekannt, als daß man auch nur eine Minute zweifeln könnte, daß er nicht alles anwenden sollte, um die neu angeworbene Schöne seinen Absichten näher zu bringen. Läßt sie sich nun durch Versprechungen blenden und ergibt sich dem ausgemergelten Verführer, dann ist sie geborgen und darf für eine gute Gage nicht weiter ängstlich sein. Wollte aber ihr Mann diese Eingriffe in seine ehelichen Rechte nicht billigen, und die Frau besitzt nicht

Liebe genug zu ihm, von selbst seine Bitten zu achten, dann wird er verjagt, und sein liebes Weibchen teilt fortan mit ihrem Opitz das eheliche Bette. Kann er sich aber überwinden zu schweigen und ist er einfältig genug, durch Opitzens Zuneigung zu seiner untreuen Gattin sich geschmeichelt zu fühlen, dann ist auch er geborgen und genießt das Gnadenbrot, wär er auch unfähig, nur eine Statistenrolle zu spielen.

Die Erfahrung unterstützt meine Behauptung, und die Madame Hartwig diene statt aller weitern Beweise.

Genannte Hartwig hat nun seit einigen Jahren die Stelle der bekannten Madame Albrecht eingenommen, die sich jetzt in Altona sehr wohl befindet und an deren Entfernung, wie man sagt, der Ränkemacher Opitz ebenfalls einen nicht geringen Anteil haben soll. Sie (die Hartwig) spielt wie Opitz in Leipzig mit vielem Beifall, allein hier glaube ich mit der größten Gewißheit und Zuverlässigkeit behaupten zu können, daß sie den Verlust ihrer Vorgängerin durchaus nicht ersetzt.

Wenn, wie ganz richtig und billig, vorausgesetzt wird, daß auch das Äußere einigermaßen den erhabenen Rollen entsprechen muß, die die erste Schauspielerin (und das soll die Hartwig hier sein) vermöge der ihr angewiesenen ersten Stelle zu spielen auf sich hat, so tut schon in diesem Falle Madame Hartwig dem eigensinnigen Kenner keine Genüge; sie ist zu klein, zu schmächtig und, trotz der

Jahre, die sie zählen mag, noch immer zu kindisch.

Die Albrecht war zwar ebenfalls nicht groß, allein statt dessen lag doch in ihrer ganzen Form etwas Majestätisches und vorzüglich Erhabenes, und das Kleinliche, das ich so ungern bei Madame Hartwig auffinde, fiel bei ersterer gänzlich hinweg.

Madame Albrecht agierte mit Würde und affektierte nur selten; die Hartwig mag sich zwingen, wie sie will, ich vermisse immer diese eigentümliche Würde, und ihre Künsteleien gefallen mir nicht.

Die Mimik der Hartwig ist sogar zuweilen affrös, und schon in ihrem Munde liegt ein widriger Zug.

Den Schwung der Töne und das Sonorische in der Kehle hat Madame Hartwig als Naturtalent ererbt, allein die Albrecht brachte es durch fleißige Übung fast ebensoweit und – winselte nie.

Mit einem Wort, selbst Herr Opitz würde, wenn er unbefangen und unparteiisch urteilen wollte, mir willig gestehen müssen, daß Madame Hartwig (die Bettarbeiten etwa abgerechnet) für seine Gesellschaft und für das gesamte Publikum weit weniger leiste als ihre geschätzte Vorgängerin, die in Hinsicht ihres Spiels durchaus und allgemein verehrte Albrecht.

Unter den Akteurs behauptet nach Herrn Opitz Schirmer die nächste Stelle. Trunkene und Einfältige personifiziert Schirmer unnachahmlich. Im ›Othello‹ spielte er den Trunkenen so vortrefflich, daß Madame Röder in die wonnetrunkenen Tage zurücksah, die Schirmer als ihr ehemaliger Liebhaber ihr machte, und vor lauter Trunkenheit ihrem neuen Ciscisbeo, dem hinter ihr stehenden Lieutenant Berghold, hastig an den – Degen griff.

Durchaus aber hat mir Herr Schirmer ebenfalls nicht genügen können; er kommt, wie selbst Madame Röder sehr naiv gesteht, zu leicht in Hitze und – wird dann oft ganz heiser.

Herr Ochsenheimer hat seinen würdigen Vorgänger Schuwärt ganz ersetzt, und seine Mimik ist vortrefflich.

Den ehrwürdigen Thering sollte man in Ruhe setzen; er hat getan genug und wird nun alt; allein er ist des Kurfürsten Liebling und macht ihm viel lustige Augenblicke, und so schätzt er sich denn durch die Liebe seines Fürsten auch ohne weitere Unterstützung belohnt.

Herr Bösenberg mag ja recht lange leben, sonst verliert die Gesellschaft an ihm einen der ersten Komiker, die mir je vorkamen. Nur wünschte ich, er memorierte etwas mehr, extemporierte etwas weniger und träte zuweilen nicht gar zu nahe an das Souffleurhäuschen.

Herzlicher und inniger habe ich noch nie von einem Schauspieler die Rollen eines guten Vaters, eines braven Ministers etc. spielen sehen als von dem braven vortrefflichen Haffner. Haffner deklamiert nie leere Töne, nein, man sieht es ihm an, er fühlt, was er spricht, und wenn es der Schauspieler erst dahin gebracht hat, daß auch sein Herz mit ins Spiel kommt, oh, so muß er wohl noch unverdorben und als Akteur und Mensch gleich schätzbar sein. Ich weiß dein Gefühl zu schätzen, edler Haffner, und setze dir hiermit ein kleines Denkmal meiner Achtung!

Auch dem braven Christ lasse ich alle Gerechtigkeit widerfahren, und Herr Drewitz könnte einst vielleicht noch werden, was er jetzt nicht ist.

Henke, Künzel und Konsorten sind zu erbärmliche Wichte, daß sie kaum einer Erwähnung verdienen und nur darum zur Bühne bestimmt zu sein scheinen, um durch ihr elendes Spiel das bessere der Übrigen nur desto hervorstechender zu machen.

Im ganzen verdiente der Unternehmer des deutschen Schauspiels wohl etwas mehr Unterstützung von seiten des Landesherrn, als ihm jetzt widerfährt. Dem Italiener Bertholdi mißt man es mit gehäuften Scheffeln und dem deutschen Sekonda mit gestrichenen Metzen zu. Was man also an ersterem verschwendet, muß bei letzterem wieder eingebracht werden. Und bei aller der stiefmütterlichen Behandlung – denke dir, welche Prätensionen!

Durchaus soll, nach des Kurfürsten Verordnung, kein Mitglied Schulden machen, und für jede Übertretung wird der Unternehmer verantwortlich. Um also manchen unangenehmen Auftritten zu entgehen, sieht Sekonda sich genötiget, seine Leute mit einer Gage zu besolden, die ihm dann oft für sein Risiko nur wenig übrigläßt. Bei einer Unterstützung von 6000 Talern (denn so viel mag ohngefähr der

Zuschuß von oben herab jährlich betragen) und bei der gemißbrauchten Erlaubnis, nach welcher in Dresden die Garde-Offiziers um die Hälfte des Einlaßgeldes den größten Teil des Cercles einnehmen und andere ehrliche Leute verdrängen, – wie in aller Welt sollte Sekonda da bestehen können, wenn er sich nicht in den Leipziger Messen erholte? Wenigstens müßte er den Wasserkrug zu Hülfe nehmen, indes seine Leute Rheinwein trinken können. Daher ist es denn unter so bewandten Umständen um so mehr zu bewundern, daß diese Schauspielergesellschaft im ganzen so vorzüglich viel leistet, weniger aber, daß sie keine oder doch wenigstens nur immer sehr geringe Schulden macht. Dresden genießt, – und Leipzig gibt dazu den Beutel her.*

Auch von Ausschweifungen und groben Exzessen hört man unter dieser Gesellschaft nur selten etwas; was geschieht, geschieht unter der Gesellschaft selbst, und kein Schauspieler wird so leicht Gefahr

---

* Anmerkung des Herausgebers: Die hohen Abgaben, die der Unternehmer jedesmal in Leipzig zu entrichten hat (jedes Stück kostet, ehe der Vorhang aufgehen kann, vierzig Taler), abgerechnet, würde dennoch Sekonda weit mehr verdienen können, als er wirklich verdient, wenn der Mißbrauch in Absicht der Freibillets nicht auch hier in Usu wäre. – Der Hochedle und Hochweise Rat der Stadt Leipzig, seine Subalternen, Subalternen-Schreiber, Ober- und Unterkopisten, Ausreuter und Stubenheizer wollen doch auch gern die Mode mit-

laufen, verführen zu müssen, denn so weit lassen es auf keinen Fall die mitleidigen Aktricen gedeihen.

Still und friedlich gehen sie einher, und keiner wird mit dir handgemein werden; sie sind sittsam und halten meistens auf Ehre. Dafür ist aber auch diese Gesellschaft, wie immer die gewöhnlichen, durchaus keine Zuflucht aller Abenteurer, welche unter ordentlichen Leuten nicht mehr fortkommen können und nichts für leichter und bequemlicher halten, als andern Moral zu predigen, wenn sie selbst ihre Moralität größtenteils verloren haben und in der Lage sind, zwischen Betteln, Verhungern und Stehlen wählen zu müssen.

Im nächsten Briefe etwas anderes; bis dahin lebe wohl und behalte in einem freundschaftlichen Andenken deinen

v. N. N.

---

machen und das Schauspiel besuchen, allein sie wollen, wie überall, also auch hier gratis ausgehen. Daher wird das denn nun dem armen Sekonda als ein Hauptbedingnis auferlegt, vor allen andern eben gerühmte Subjekts mit Plätzen und Billets zu versehen, damit sie ja auch im Schauspielhause ehrlichen Leuten zum Hohn sich echt senatormäßig brüsten können. Diejenigen unter ihnen, die dem Schauspiel keinen Geschmack abgewinnen können, verkaufen ihre Gerechtsame, und so gehen denn gar oft auf ein Billet Herr, Madame und Amme hinein!

Dreizehnter Brief

Unter diejenigen öffentlichen Vergnügungen, in welchen besonders die gebildetere oder auch die reichere Klasse (nicht immer die gebildeteste) der Leipziger Welt sich zu erholen pflegt, gehört nach dem Schauspiel auch ganz vorzüglich das große Konzert.

Den Namen des großen mag es wohl hauptsächlich zum Unterschiede von den vielen kleinern erhalten haben, die man hauptsächlich die Sommerszeit über in allen hiesigen Kneipen, Gärten und den schmutzigsten Löchern angeschlagen findet und welche denn bei vier elenden Geigen und einem alten rumpelnden Basse so abscheulich diesen vielversprechenden Namen entehren.

Ich ging einst donnerstags zum Rosentäler Tore hinaus und kam vor einer Hütte vorbei, nach der eine zahllose Menge zerlumpter Handwerksbursche, Kohlenträger und anderer dergleichen Noblesse zuströmte, von denen einer dem andern zurufte: »Du, heute ist bei Köhlern (der Wirt dieser Kneipe) Konzert.«

Du kennst meine Neugierde, lieber Baron, und von ihr auch diesmal angetrieben, wuschte ich verstohlen hinein, denn geraden Wegs mich hineinzubegeben, hielt ich nach dem, was ich sah, schon ehrenhalber für gefährlich.

Der Eintritt in die Stube, wenn ich dies Loch anders so nennen darf, übertraf noch bei weitem meine Erwartungen. Ich fand hier wie noch nirgends ein wahres Quodlibet der ganzen lebenden Welt; allein die Ausdünstung der sich immer mehr anhäufenden Gäste, der odiöse Geruch, den Kneller und gewisse hier ganz unverhaltene Lüftungen verursachten, sowie die saftigen Zotologenunterhaltungen, mit denen sich gleichsam jene Menschen zum herannahenden Konzert vorzubereiten schienen, verleideten mir jede fernere Lust, länger in diesem abscheulichen Schwitzkasten zu bleiben. Und nach dem, was ich jetzt vorausgeschickt habe, würdest du wohl glauben, daß wirklich mit ungeheuer großen Buchstaben an der Tür angeschlagen stand: Alle Donnerstage ist hier Konzert? – Wenn in so elenden Butiken Konzerts gegeben werden, oh, so verdient doch wohl das obengenannte mit Recht den Namen des Großen Konzerts! Ich komme näher zum Zweck.

Dies Konzert nun wird denn bloß den Winter hindurch, und zwar jedesmal donnerstags auf dem Saale des Gewandhauses gehalten. Mit Vergnügen lasse ich den Virtuosen, welche hierbei engagiert sind und sich hören lassen, die Gerechtigkeit widerfahren, daß sie über alle Erwartung viel leisten und einige derselben wohl wert wären, durch ihr Spiel den Prunk einer fürstlichen Kapelle zu erhöhen. Ich habe hier Violinisten angetroffen, wie man deren wenige finden wird; und es macht in der Tat dem Leipziger Publikum Ehre, daß man diese Männer nicht wie gewöhnlich bloß schätzt, sondern auch tätig unterstützt. Aufmunterung muß der Künstler überall finden, sonst erkaltet bei all dem leeren Beifall, den man ihm schenkt, doch endlich sein Eifer; und zudem: wer braucht und konsumiert wohl immer mehr als ein musikalisches Genie? Im Ganzen schon legt man es den Genieköpfen zur Last, daß sie gewöhnlich sich etwas mehr Bedürfnisse machen sollen als andere alltägliche und gemeine Menschen, und wirklich bestätigt eine öftere Erfahrung diese Behauptung. Wie sollten denn die musikalischen Halbgötter allein eine Ausnahme machen?

Unter den Sängerinnen war Madame Schicht bisher die Primadonna, und wirklich mag ihre italienische Kehle ehedem mal himmlische Töne hervorgezaubert haben; allein man fängt jetzt an, ihren Vorzügen einen Teil des Beifalls zu entziehen, der sonst in so reichem Maße über sie ausströmte, und ich glaube wirklich, daß man nicht ohne allen Grund diese kleine Beeinträchtigung an ihr begeht, denn – sie hat mir selbst die Genüge nicht geleistet, die ich mir von ihr versprach.

Der hiesige Bürgermeister Müller, ein wahrer Mäzen aller Künstler, scheint dies Bedürfnis zeitig genug eingesehen zu haben, und da er sich besonders für weibliche Kunstverwandten außerordentlich verwendet, so hat er auch in gegenwärtigem Falle seinem Eifer für Leipzigs Vergnügen einen neuen Stoß gegeben und – eine zweite italienische Sängerin, die Madame Campagnoli, verschrieben. Sie ist, wie sich nach der Verschreibung leicht mutmaßen läßt, ein sehr artiges Weib und macht neben ihrer eigentlichen Bestimmung noch überdem Putz. Sie wird nächst der Organist Müllerin, einer gleichfalls stark musikalischen Dame, von ihrem Patron, dem Kriegsrat Müller, nach Verdiensten geschätzt und ihr die verdienten Rosen gestreut; ja, und sollte sich bald vielleicht der Fall ereignen, daß mit ihrer Leibesschmächtigkeit eine Veränderung vorginge, so wird ihr zur Stärkung und Erholung gewiß ebenso huldvoll wie jener des Herrn D. Müllers Weinkeller und Flaschenkörbe nach Verlangen zu beliebigen Diensten stets offenstehen!

Wider die Künstler wäre also hier auf keinen Fall etwas einzuwenden; allein jammerschade, daß man in diesem Tempel göttlich freier Kunst mit einer Steifheit erscheint, die wahrlich oft ärger noch als spanisch genannt zu werden verdiente. Lächerlicher muß für den unbefangenen Zuschauer kein Anblick sein, als wenn Damen und Herren geputzt, geschmückt und ausstaffiert gleich heidnischen Schlachttieren, stumm und gravitätisch einhertreten, – in ihrer Miene Verschwiegenheit wie Grabesnacht, in ihren Blicken heiliger Schauer, wie am Karfreitage beim Grabe des Versöhners, – in ihrem Gange abgemessener Takt, wie der Schritt eines der Totenbahre vorangehenden Leichenbitters, und endlich denn ihr Niedersetzen, wie das ehrfurchtsvolle Hinknien eines katholischen Bauers, wenn der Heilige Vater den Segen austeilt. O lieber Baron, ich versichere dir, ganz bänglich ward mir's ums Herz bei diesen steifen Zeremonien, bei diesen maschinenmäßigen Bewegungen, bei diesem hölzernen Drehen und Wenden, wahrlich, ich glaubte unter Wachsfiguren zu stehen, so leblos und gleichsam entseelt schien diese ganze groteske Versammlung.

Denke dir an den Damen nun überdem noch ganze Lasten und Massen von edlen Juwelen und Perlen in Haaren und an Händen; denke dir ferner Chapeaus, ausstaffiert, alle mit seidenen Strümpfen, Westen und den elegantesten Kleidern, kerzengerade wie steinerne Statuen dastehen, und wahrlich, du läufst Gefahr, erstere für Marienbilder und letztere für kanonisierte Petrus-, Paulus- oder Jakobus-Männer zu halten. Hahaha!

Der angenehmen Unterhaltung, welche die göttlichen Töne einer bezaubernden Musik gewähren, ohnerachtet, wird dir dennoch ganz ängstlich und beklommen ums Herz werden, wenn du das erstemal in diesem Saale erscheinst, denn beim Himmel, ehrwürdiger kann es wohl selbst beim Fronleichnamstag in Erfurt nicht zugehen als donnerstags hier im Leipziger großen Konzert!

Kaum kann ich mir daher vorstellen, wie es Gelehrten bei soviel Unsinn behagen soll. Doch sie allein sind hier zu schwach, um einen bessern und angemessenern Ton einführen zu können, und die in dieser Hinsicht gegebenen Bemühungen eines gewissen schon bekannten Rechtslehrers sollen, wiewohl ich den ganzen Vorfall überhaupt mit Wahrheit nicht verbürgen kann, vor einiger Zeit sehr übel gekrönt worden sein! Laß dir den drolligen Auftritt erzählen!

Der freimütige Jurist saß nämlich im gerühmten Konzert neben einer Dame, die er, alles Schüttelns und Rüttelns ohnerachtet, zum Sprechen und zu einer Unterhaltung dennoch so wenig bewegen konnte, daß sie vielmehr immer ernsterer und feierlicherer ward. Dem Herrn Professor mißfiel diese Steifheit heute mehr als jemals, er ließ daher ganz andere Minen springen (denn wieviel tausend Auswege stehen nicht einem Juristen zu Gebote?), und – die bisher so steife und stumme Dame mußte denn endlich notgedrungen von selbst ihre holde Stimme erheben:

Dame (nach einigem Räuspern das parfümierte Schnupftuch vor die Nase haltend, und indem sie sich zum Herrn Professor wendet): Aber mon Dieu, was riecht denn so gar entsetzlich, so unausstehlich um mich herum? Pfui! – O weh, jetzt wird's noch ärger als zuvor; das ist ja in der Tat kaum auszuhalten. Pfui! pfui!

Professor (halb lächelnd, mit starker Stimme): I, Närrchen, Närrchen, was ist es denn? Sie wollen's nicht einmal riechen, und ich muß gar drauf sitzen! Hihihi!

Nun, das hieß mir denn doch wohl von seiten der Akademie zum erstenmal alle Steifigkeit entfernt, und siehe da – das gerühmte Mittel hatte den gewünschten Erfolg. Wie wäre es also, wenn man eine Zeitlang zwanzig arbeitsame Tagelöhner im Konzerte unter diese Damen setzte? Sollten diese nicht über kurz oder lang, nach obangepriesener Professormethode agierend, einen andern, bessern Ton einführen und totaliter das alte Steifheitssystem verbannen? Dann könnte man vielleicht in kurzem dem Herrn Professor nicht genug dafür danken, daß er freimütig und natürlich-philosophisch genug dachte, auch schlechte Mittel zu guten Zwecken zu benutzen, – und die respektive Dame, an welcher zum erstenmal die Wirkung dieses probaten Mittels sich verherrlichte, würde vielleicht selbst den Tag segnen, an dem sie, vermöge ihrer subtilen Geruchsnerven gezwungen, des Herrn Professors versteckte Absichten erraten und so die erste werden mußte, welche, über alle bisherigen Konvenienzen sich hinwegsetzend, einen Ton im Leipziger Großen Konzert einführte, der besser zu den himmlischen Tönen reiner Chöre accompagniert als die bisher so steife und in aller Absicht lächerliche spanische Conduite.

Möchten doch also des Herrn Professors Freimütigkeit und Offenheit ja nicht in Vergessenheit geraten, damit ich noch vor meinem Ende die Freude erlebe, die jetzigen Marienbilder und Jakobus-Männer von gefälligeren, ungezwungern Damen und ungenierten Herren verdrängt zu sehen. Möchte doch zum Frommen so vieler der Himmel recht bald meine Wünsche erfüllen oder – erst die gemachten Vorschläge realisieren!

Hiermit, lieber Baron, will ich denn nun den gegenwärtigen Brief beschließen, zugleich aber dich noch im voraus benachrichtigen, daß von nun an in allen meinen folgenden Briefen stets von solchen Orten die Rede sein wird, die man schlechthin mit dem Namen der öffentlichen belegt, das heißt: wo du für dein Geld dich hinsetzen, Bier trinken, Tabak rauchen, der Musik zuhören, tanzen oder diskurieren kannst. Da es jedoch noch andere Vergnügungsorte gibt, die man auch öffentliche nennt und die wirklich öffentlich sind, wo man aber statt des Bieres vielleicht Wein trinken und das Tabaksrauchen ganz hinwegfallen muß, so sehe ich, um eine ängstliche und mühvolle Klassifikation zu vermeiden, mich genötiget, alle in eine Brühe zu werfen, und du findest daher auch Kaffeehäuser, Weinkeller, Gärten und Hotels, alles bunt durcheinander vermengt, so wie denn gleich der folgende Brief die versprochenen Ergießungen über die große Funkenburg enthält.

v. N. N.

Vierzehnter Brief

Dein letzter Brief, lieber Baron, den ich jedoch erst am dritten hujus erhielt, sowie die für mich darin geäußerten schmeichelhaften Gesinnungen, verbunden mit dem ausgezeichneten Beifall, den du meinen treuen Relationen schenkst, haben mich in ein Meer der namenlosesten Wonne versenkt. Nach deinem Geständnis soll in meinen Worten und Erzählungen so etwas Wahres, von aller Lüge oder Übertreibung weit Entferntes und denn endlich auch etwas so eigentümlich Unparteiisches und vorzüglich Lauteres liegen, daß man nicht anders umhinkönne, als meinen Nachrichten den unbedingtesten Glauben zu schenken.

In der Tat! Es ist lohnend für den Erzähler, wenn selbst Männer in der Entfernung, ganz unbekannt mit der Lage der Dinge, die er als Historiker rügt oder lobt, von dem seinen Erzählungen gleichsam aufgeprägten Stempel der Wahrheit so dahingerissen werden, daß sie ihm ein Zutrauen weihn, womit sich leider (freilich oft durch eigne Schuld!) so wenig Autoren beglückt sehen, daß sie vielmehr weit öfterer durch Widersprüche darniedergebeugt werden, die zuweilen um so kränkender sein mögen, je weniger man vielleicht dem Verfasser selbst die aufgefundenen Unwahrheiten zur Last legen als vielmehr auf die Rechnung derer schieben sollte, die, wenn es ihm (dem Verfasser) an der nötigen Gelegenheit fehlt, selbst zusehen, als Speculatores substituti auftreten und ihrem Machtgeber dann Nachrichten mitteilen, die er freilich nicht geradezu für bare Münze annehmen, sondern vielmehr mit vorgefaßtem Mißtraun wenigstens von zu auffallender Übertreibung und Parteilichkeit reinigen müßte.

Wieviel Ermunterung daher für mich, in meinem angefangenen Werke fortzufahren und auf das Gekreisch einiger Brausköpfe minder zu achten, die wie du insgeheim doch wohl fühlen werden, daß ich wahr sprach, und nur darum vielleicht meiner unbestechbaren Wahrheitsliebe keine Gerechtigkeit widerfahren lassen wollen, weil, wie bekannt, die Wahrheit mit der spanischen Fliege soviel Ähnlichkeit hat, daß sie wie jene juckt und brennt, sobald sie den geringsten Unrat findet. Doch mich soll dies nicht irremachen, und ich erfülle daher mit Vergnügen deine ferneren Wünsche. Doch ehe ich noch zu der gehofften Beschreibung der Leipziger öffentlichen Orte selbst übergehe, so erlaube mir zuvor noch eine ganz kleine Bemerkung, die ich um so nötiger erachte, da sie sich mir täglich und stündlich so unaufhaltsam und auffallend darbietet.

Ich will mich ganz kurz fassen, – in Besorgnis, dich zu ermüden und deine Geduld etwas zu lange in lästiger Spannung zu halten.

Mir ist wie dir der Hang und die angeborne Neigung des Menschen zu einer nach vollendeter Arbeit und Tageslast so nötigen und erlaubten Erholung wohl schwerlich verborgen – wir müßten, dies unzugestanden, uns dann ja wirklich selbst nicht kennen.

Zugegeben also, daß der müde Geist und der erschlaffte Körper durch Ruhe und Erholung erst wieder diejenige Spannkraft erhalten, die zur Fortsetzung unserer Geschäfte durchaus nötig und erforderlich wird; so wirst du doch aber auch im Gegenteil nicht weniger mit mir darüber einverstanden sein; daß zu öftere und zu lange Erholung, anstatt die Kräfte zu erneuern, sie abspannt, die Glieder träge, das Blut dicker, die Heiterkeit trüber, den frohen Mut düsterer und die Götzen jener unaufhörlichen Ruhe dann endlich zu solchen Geschöpfen bildet, wie der Apostel Paulus als ein warnendes Beispiel die faulbäuchigen Cretenser beschreibt.

Ich bedaure unendlich, allein ich kann wahrlich nicht umhin, eine kleine Anwendung jener ziemlich hart klingenden Beschuldigung mit Recht und Überzeugung auf die Herren Leipziger zu machen.

Ist es angeerbter Naturfehler oder ist es böse Gewohnheit worden, – kurz, der Dämon des unaufhörlichen Vergnügens scheint zentnerschwer auf den Sinnen und ganzem Wesen des soeben gerühmten Völkchens zu ruhen. Kaum ist der Leipziger aus seinem Neste gestiegen, so lechzen seine Triebe schon wieder nach neuer Erholung. Was Wunder also, wenn du schon früh alle hiesige Wein- und Bierkneipen mit durstigen Bürgern angefüllt findest.

Der Schneider trägt zu einem seiner Kundleute

ein neues Kleid oder ist beordert, einem durchpassierenden Abenteurer ein frisches Maß zu nehmen; aber lieber Himmel, wo sollen die Kräfte herkommen, drei Treppen zu steigen? I, da geht er eben vor Mainonis Keller, vor dem Hôtel de Saxe oder Bavière vorbei – ein lustiger Kollege winkt schon von innen mit dem vollen Pokal, und das ehrliche Schneiderlein fühlt auf einmal einen brennenden Durst. Das Maßnehmen kann warten, die Gurgel geht vor.

Der emsige Perückenmacher hat drei seiner Damen frisiert – auf einmal zittern die Füße, der Kamm wird dürre, er muß angefeuchtet werden, und ein Bierloch ist hierzu das beste Refugium.

Der geschäftige Bartscherer rennt, daß ihm der Kopf brennt, alle Straßen hindurch; das Wasser in seiner Flasche erkaltet, er fürchtet die Vorwürfe seiner Kunden und holt daher in einer Branntweinkneipe sich warmes.

Der Schlosser, Schmied und Sporer haben zu lange am Feuer gestanden; die Glut und die emporsteigenden Dünste des geschlagenen Eisens dürren den Gaum; ein eben eingeschmiertes Schloß ermuntert den Feuerarbeiter, auch seiner verrosteten Gurgel neues Öl zu geben, und so geht's denn raschen Tritts zur freundlichen Tränke.

Mit einem Wort: niemand kann in Leipzig sich besser befinden als ein spendender Wirt, und was Wunder, daß ihre Zahl Legion heißt?

Von früh acht bis abends nach zehn Uhr geht es unaufhörlich in Saufen und Jubeln fort, und niemand lebt daher wohl strikter nach dem Gebote des Evangelii: Sorget nicht für den andern Morgen, als die meisten der ehrbaren Herren Bürger (das unaufhörliche Wüten des vornehmern Pöbels in jeder Art von Vergnügungen brauche ich gar nicht zu erwähnen!) in Leipzig.

Du müßtest aber auch wahrlich deine einzige Freude haben, wenn du einmal (denn die Zeit ist gleich) hierherkämest und die sonderbaren, oft ganz seltenen Machinationen der hiesigen Wirte mit ansähest, die alle samt und sonders, bald auf diese, bald auf jene Art, sich angelegentlichst bemühen, die Sinne und Beutel ihrer respektiven Abnehmer und Gäste gleichmäßig im Trabe zu erhalten und nicht versauern zu lassen.

Die Finessen der meisten Wirte sind zu bekannt und allgemein gangbar, als daß man auch nur eine Minute zweifeln könnte, daß die Wirte des wegen seiner Aufklärung (?) so verschrienen Leipzigs auf den Stufen dieser sogenannten Kultur die letzten sein sollten, daß ich im Gegenteil bei aller mir angebornen und eigenen Wahrheitsliebe nicht umhinkann, sie als die ersten Lichter und Beförderer jener gerühmten Erleuchtung und Aufklärung hiermit öffentlich darzustellen und sie ihren übrigen Kollegen in und außerhalb Sachsen als Muster und wahre Archive der echten Gastierungs- und Traktierungs-Politik schuldigermaßen anzuempfehlen. Erfinderischer und spekulierender mag wohl selbst der schlaueste Taschenspieler kaum raffinieren können, um immer die Hände der erstaunten Zuschauer nach den noch vollen oder schon halb geleerten Fikken zu leiten, als die hiesigen Hotelisten herab bis zu den elendesten Kneipiers unaufhörlich in dem Studium sich üben, das man vulgo Beutelfegerei nennt und worin sie denn wirklich zu einem so hohen Grade der Verfeinerung und Vollkommenheit sich emporgeschwungen haben, daß ich in dem Augenblick, als ich dies schreibe, keine Ungerechtigkeit begehen würde, sie mit den probatesten Magneten zu vergleichen, die auf die erstaunenswürdigste Weise alle klingende Münze an sich ziehen, womit etwa der fremde oder einheimische Gast ihnen zufällig zu nahe treten. Diese magnetische Kraft beweist denn auf alle Tage im Jahre ihre erwünschesten Wirkungen, vorzüglich aber wird sie dem Beobachter die Sommerszeit über auf mancherlei, oft seltene Art einleuchtend und sichtbar. Ich will nur einige Manœuvres berühren, in denen sie sich in genannter Periode oft so sonderbar und lächerlich zu äußern pflegt.

Von Illuminationen, Vogel-, Scheiben- und andern Schießen mit und ohne lebendige Vögel will ich nicht sprechen, sie sind zu alltäglich; auch die Martins-, Fastnachts-, Ostern-, Pfingst- und überhaupt alle Festschmäuse samt den Invitationen und Fressereien bei Einweihung einer geweißten Gast- und Schenkstube will ich ebenfalls mit Stillschweigen übergehen, sie sind auch in andern Städten, wiewohl etwas weniger, gewöhnlich; allein was sagst du zu

Rosen-, Maien-, Veilchen-, Tulpen-, Nelken- und Weintraubenfesten, lieber Baron?

Du würdest überdem vielleicht diesen Unsinn und wirklich grobe Betrügerei noch weniger für wahr halten, wenn ich den Zusatz beifüge, daß oft in dem dürren Boden der Orte, wo diese eben gerühmten Naturfestins angestellt werden, weder Rosen, Veilchen, Tulpen und Jasmin, noch weit weniger aber Maien und Weintrauben emporzukeimen vermögen. Müssen daher die Wirte nicht lachen, wenn demohnerachtet Scharen nelken- oder tulpenlustiger Gäste herbeiströmen, zu verwelkten Blumen ihr schmachtendes Auge emporheben und unter verdorrten Violenkränzen für schweres Geld an abgeschabten Knochen herumnagen? Mundus vult decipi – ergo decipiatur.

Allein was wären alle Anreizungen und die verführerischesten Lockungen der schlauen Wirte nebst ihrem ganzen Gefolge, wenn die Leipziger nicht selbst vor ihr Leben gern sich reizen, locken, verführen und so kindisch folgsam von Leuten am Gängelbande führen ließen, die nun zum Unglück schon wissen, was ihr Steckenpferd ist!

Nie ist der Leipziger mehr in seinem wahren Element als bei Saufereien und Schmäusen; nie ist er froher, nie lustiger und zufriedener, als wenn er (wär's auch der letzte Heller!) beim Schenktisch mit Freuden seinen täglichen Tribut für gurgelversöhnende Trankopfer ausschüttet. Indes oft vielleicht im engen Dachstübchen Kinder und Gattin nach

Brot schmachten, ängstlich seufzen, darben und hoffend der Rückkehr ihres Versorgers entgegenlechzen, von dem sie vertrauensvoll Speise, Trank und Trost erwarten, schwelgt dieser unter verworfenen Brüdern gleichen Gelichters, vergeudet den letzten Rest seiner geringen Barschaft, nach dem die Seinigen so jammernd die Hände ausbreiten, und verscheucht durch benebelnde Dünste auf Augenblicke die häuslichen Sorgen!

O lieber Baron, hier könnte ich dir schreckliche Auftritte schildern, aber bei dem bloßen schaudervollen Gedanken daran entsinkt meine Feder und mein ganzes Gefühl verschmelzt in bange Wehmut. Oh, was ist der Mensch für ein elendes, verachtungswürdiges und abscheuliches Geschöpf, wenn der lokkende Ruf der Sinnlichkeit die ächzende Stimme der schwächeren Vernunft betäubt. Verdient wohl der Vater das Glück, gute Kinder zu besitzen, der die armen Hülflosen unverantwortlich dem Elende preisgibt, ihnen (entsetzlich und doch wahr!) den letzten Bissen Brot gewalttätig gleichsam vom Munde entreißt, um damit niedern elenden Lüsten zu frönen? Ich muß abbrechen, lieber Baron, mein ganzes Wesen empört sich beim Anblick der so tief gefallenen Menschheit.

Obige Bemerkungen glaubte ich notwendig vorausschicken zu müssen, da sie in der Folge vielleicht wichtiger werden dürften, als sie es jetzt scheinen. Wenigstens kannst du doch nun den richtigen Schluß ziehen, daß, wenn fortan von öffentlichen

Orten die Rede ist, nie von Besuchern derselben etwas erwähnt werden darf, um so weniger, da dir aus dem schon angeführten nur zu deutlich erhellet, daß, wie in der ganzen Schöpfung kein Raum ohne Luft, so auch in Leipzig kein Vergnügungsplätzchen leer von Menschen männlichen und weiblichen Geschlechts sei und daß endlich wohl niemand in Leipzig mit dem Wasserkruge zu Grabe gehe, sondern die meisten an den Folgen übermäßiger Schwelgerei, zu vieler hitziger Getränke und einer unverzeihlichen Untätigkeit, also an Auszehrungen, Wassersucht, Gicht, Reißen und anderen Übeln sterben, von denen, dem Himmel sei's gedankt, die übrigen sächsischen Städtebewohner kaum dem Namen nach etwas wissen.

Man lebt hier, solange es geht, frißt und säuft, solange nur der Magen noch schwache Verdauungskraft hat, und schon im vierzigsten Jahre (oft dauert's nicht so lange) trennt sich der ausgemergelte Leib vom faulen Geiste mit dem süßen Bewußtsein: unserer Tage waren zwar wenig, doch habe ich dich in ihnen nie darben lassen, drum entbehre nun mit mir und lerne auch ohne Bierkrüge und Weinflaschen froh sein.

Ruht in Friede, ihr unersättlichen Prasser, – kühle Nacht schwebe um eure stets dämischen Hirnschädel, und der Gesalbte des Herrn spricht zuletzt bei eurer Gruft über Leipziger Freß- und Faultiere – den Segen! Meine Ergießungen, lieber Baron, haben sich etwas weiter ausgebreitet, als ich anfangs wohl glaubte, und sie könnten vielleicht gar in vollen Schuß geraten, wenn mir nicht eben dein mürrischer Blick begegnete, der mich etwas unsanft und nachdrücklich an mein getanes Versprechen erinnert.

Genug also von den Leipziger Vielfraßen und hinüber zur Beschreibung der großen Funkenburg.

v. N. N.

Fünfzehnter Brief

Sie heißt die *große* zum Unterschiede von einer *kleinern,* die jetzt im Pachte eines Mannes steht, der von jeher seine schwerschenklichen Talente treufleißig zu Frommen seiner hinkenden Verpachterin verwendete und vielleicht, obschon bei grauem Haar, noch diesen Augenblick zum Opfer darbringen muß, dafür aber den Vorteil genießt, nie von der alten Zarre in einem Pachte verdrängt zu werden, der entweder nur pro forma kontraktmäßig abgeschlossen worden oder doch wenigstens von so geringem Belang ist, daß er ganz füglich aus dem Torgelde genommen werden kann, das der Herr Lieutenant Wolf wöchentlich zu entrichten hat, wenn er wegen Versäumnis an der Pharobank oder wegen bequemer Hereintransportierung eines vielleicht bei der Donnerwache aufgefundenen Schlafkameraden gemüßiget ist, oft mitten in grauer Nacht um schnelle Eröffnung zu bitten. Doch so alte und treue Dienste müssen auszeichnend belohnt werden, und dies um so mehr, da es in der Tat viel Überwindung kosten mag, sie einer Dame zu bezeugen, die, als der Himmel sprach: »Werde!«, so häßlich und abscheulich davonkam, daß man Gefahr läuft, ihr Entstehen in einer Schiefergrube zu suchen.

Allein vor jetzt genug. Ich breche hier ab und

schreite zu der längst versprochenen Beschreibung der großen Funkenburg über, welche nebst einer an sie anstoßenden Ratsziegelscheune und einem nicht weit davon entfernten, ehedem zur Beherbergung einwandernder polnischer Ochsen bestimmten Platze ein eignes kleines Vorstädtchen bildet und dicht an der Straße nach Merseburg liegt.

Im Sommer ist das ziemlich niedrige, doch längliche Gebäude, worin der Speise- und Bewirtungssaal befindlich, von den Blättern und Ästen der vor ihm stehenden Kastanienbäume so versteckt und verborgen, daß der fremde und unbekannte Vorbeireisende, wenn er nicht etwa zufällig zwischen dem Schatten der Bäume die großen Fensterscheiben gewahrt, sehr leicht den Verstoß machen könnte, es für einen wohlangelegten herrschaftlichen Schafstall zu halten. Die daranstoßende, gleichmäßig gebaute Kegelbahn könnte den Wanderer noch mehr in seinem Glauben bestärken und ihn mit wenig Mühe verleiten, ersteres als den Spielraum lustiger feuriger Böcke und letzteres als eine Horde für geduldige Schafe zu betrachten. Doch die innre Einrichtung ist sehr vorteilhaft und für einen Sammelplatz so vieler hierher strömender Menschen äußerst zweckmäßig und söhnt mich daher mit der äußern Form vollkommen wieder aus.

Gleich an das Hauptgebäude stößt ein freier Platz in Form eines Halbzirkels mit Lauben, Tischen und Bänken, doch ungepolstert und daher für diejenigen nicht brauchbar, welche an ihrem Posterioribus mit der Dürrsucht geplagt sind. Dies Rund wird im Sommer dadurch noch weit angenehmer, daß die Musiker in der Mitte desselben sich etablieren und die von ihnen hervorgebrachten Zaubertöne sehr angenehm in die nahen Lauben sich verbreitet.

An keinem der hiesigen öffentlichen Orte wirst du einen für deinen Gesichtskreis so weiten Spielraum finden, als hier vor dem Saale der großen Funkenburg der soeben gerühmte Halbzirkel ist.

Noch weit mehr Vergnügen und Angenehmes aber gewährt das dicht daranstoßende Wäldchen nebst den zwischen ihm liegenden anmutigen grünen Wiesen.

Der melodische Chor der Sänger des Waldes, das täuschende Gelispel der Blätter, das murmelnde Plätschern des vorbeirieselnden Flusses und die stets ehrwürdige heilige Stille, welche feierlich in diesen dunkeln Schatten thront, geben diesem Orte einen Reiz, den freilich wohl Madame H. ehedem auch fühlen mochte, als sie, in Zauber und Wollust verschmolzen, mit ihrem R. auf grünem Rasen lag, – im Dufte des fetten, geil aufstrotzenden Grases doppelt die aufstrebende Kraftfülle ihres stürmenden Daphnis empfand und gern noch einmal in süße Verlorenheit sich gewiegt hätte, wäre nicht mitten in der wollüstigen Ergießung ein ungebetner Waller vorübergeeilt, der grausam den hohen Flug ihrer sich eben entledigenden Geilheit in die strotzenden Adern zurücktrieb – dem bestürzten Daphnis lange Kreuzschmerzen und der erschrockenen Chloe zum steten Angedenken – eine ewige Gelbsucht bereitete. Doch diesem warnenden Beispiel zum Hohn und der immer noch einherschwankenden Gelbgestalt zum Trotz wird dieser anmutige, der stillen Liebe so günstige Hain von girrenden Täubchen und krächzenden Stößern besucht, die sich von einem vorübergehenden Hofmann nicht abhalten lassen, ihre ergießende Fülle zu leeren, sondern nirgends mehr als hier das alte Sprichwort wahr machen: daß Borsdorfer Äpfel und Leipziger Mädchen nicht eher rot werden, als bis man sie aufs Stroh (oder ins Gras) legt.

Also auch selbst der Unbefangenste und der, welcher das ächzende Minnespiel im Grase für ein gut Stück herkulischer Arbeit betrachtet, wird, das Natur-Anmutige dieses Spaziergangs an und für sich selbst schon abgerechnet, durchaus keine Langeweile empfinden, wenn ein glücklicher Zufall in dieses Tempe der Wollust ihn führt. Es gewährt allerdings dem Lauscher einen mehr als lüsternen Anblick, wenn hier Kinder der Natur sich in die frühen Urzeiten versetzen, ungezwungen ihren Trieben folgen, durch kein Rauschen fallender Blätter sich unterbrechen, durch kein Räuspern des schadenfrohen Mißgünstigen sich stören lassen, sondern wie im Paradiese ungescheut und ganz sans gêne dem Drange ihrer Herzen folgen, geistlich beginnen, weltlich vollenden und zwei in einem Fleische sind.

Doch eben werde ich gewahr, daß ich von hinten anfange, statt von vorne zu beginnen, schnell kehre ich also zum Saal ins Hauptgebäude der eigentlichen Versammlung zurück.

Nie wird die Funkenburg mehr besucht als in den Sonn- und Wochentagen der Messen, ganz vorzüglich aber an dem jedesmaligen ersten Sonntage derselben. An diesem Tage gehen gewöhnlich nachmittags nach zwei Uhr die zu verkaufenden Pferde unter Anführung und Vorritt eines grünröckigten Spions durch einige Straßen der Stadt; der vornehme wie der gemeine Pöbel zieht ihnen nach oder bleibt einstweilen an den Toren stehen, wo sie vorüberpassieren, und dann strömt der ganze unzählbare Haufe in buntem Gemisch nach dem gewöhnlichen Sammelplatze, der großen Funkenburg, hin.

Du kannst dann hier immer einige tausend Menschen finden, die sich bald setzen, bald sich bloß herumdrehen, einander begaffen, endlich wieder verschwinden und andern, frisch ankommenden Platz machen.

Vor Zeiten, da noch gute Tage waren, speisten hier schon zu Mittage viel Hamburger Kaufleute, machten sich lustig bei vollen Pokalen, extendierten dann oft ihr Wohlbehagen bis zu einem Grad des Unbewußtseins, das den Zuschauern, die nicht an der Quelle dieser Lust mitschöpfen konnten, gleiche und zuweilen noch größere Freude verursachte, und der Wirt sah am Abend des glücklichen Tages alle Flaschen seines konigten Weines geleert.

Nicht mehr so jetzt, doch immer noch Zuspruch genug. Zwar fällt die Mittagstafel gänzlich hinweg;

allein den Abend wird desto toller geschmaust, und noch die späte Nacht verbirgt hier ihre jauchzenden Lieblinge. Die meisten der auswärtigen Kaufleute, vornehmlich die des mittleren Schlags, strömen bald aus dieser, bald aus jener Absicht in Scharen hierher, und die Funkenburg scheint gleichsam das Losungswort zu jedem Meßsonntage geworden zu sein.

Der eine spricht mit dem andern über Handelsangelegenheiten (jetzt bloß noch über schlechte, in Verfall geratene Messen!), ein zweiter schließt mit dem dritten einen Handel ab, ein vierter nimmt Bestellungen an, und ein fünfter macht für die kommende Nacht Spekulationen auf eine gute Wärmflasche.

Doch nirgends läuft man mehr Gefahr, das männliche Geschlecht unter den Legionen fremder und einheimischer Freudenmädchen zu verlieren, als wirklich hier an solchen Tagen. In unübersehbaren Wogen strömt diese Brut, einem reißenden Waldstrome gleich, hierher in ihr Bette und lockt die Schiffenden mit Sirenengezisch in seine sprudelnden Schlüfte. Die eingewanderten Fremdlinge dieser Sekte, noch unbekannt mit dem Leipziger Wesen und Tun, überlassen einstweilen, an der Hand einer alten Hexe geleitet, den Einsichten dieser Kupplerin ihr Interesse; die alte Megäre bringt ihre Pflegbefohlene an einen gutpostierten Tisch, – geht dann ein liebedurstiger Kämpe vorüber, und die Mama gibt ihr durch einen Seitenstoß oder Händedruck das Signal zur Attacke, so läßt die Dirne auf den aufmerksamen Adonis bestmöglichst ihre buhlerischen Blicke schießen, der Entzückte nähert sich der vielleicht schon halb anbrüchigen Meßdirne mit bloßem Haupt und abgemeßnen Tritt, und einige Stunden darauf zieht im Dunkel des Wäldchens auch der kleine Amor ehrfurchtsvoll sein Mützchen ab und beschließt die Tagesordnung mit – sprudeln. Hat nun die Dirne sich guter, stammhafter Arbeit beflissen, so ist von nun an und die ganze Messe hindurch ihr Vorteil gemacht, ihre Spekulation zu einem förmlichen gangbaren Artikel gediehen, die Kupplerin wird als entbehrlich verabschiedet, und sie besucht von dato an die Funkenburg solo, oder die Arbeiter in ihrem Weinberge nehmen wohl selbst das sichere Geleit über sich und bringen die Schöne an ein bequemliches Sitzchen.

Die einheimischen Freudenmädchen, welche ebenfalls die Messezeit sich ganz besonders hier versammeln, anlangend, so habe ich schon oben etwas von ihnen erwähnt und darf also jetzt nur soviel noch nachholen, daß auch sie die Funkenburg zum Terrain ihrer Operationen erwählen, mit einer außerordentlichen Grazie und einem mehr als gemeinen Glanze hier erscheinen und zu ihren Führern – arme Musensöhne erkiesen, die für eine Flasche Gose, einiges Backwerk, ein Abendessen und einmal Reiten sehr gern das süße Geschäft über sich nehmen, auf die galante Dame teilweise den Schutz zu transferieren, welchen ihre Inskription ihnen gewährt, und als wahre Philosophen gelassen es ansehen, daß ein fremder Handelsdiener erscheint, die Begleitete halb-academica von ihrer Seite reißt, in ein nahes Gebüsch mit ihr verschwindet und dem armseligen Studioso das Nachsehen und höchstens eine frisch angeschrotene Gosenbulle zurückläßt.

Fast sollte man glauben, die Studien müßten durchaus ein so niederes Handwerk verbieten, und die Theologie besonders ist ja als eine fürchterlich strenge Moralistin verschrien; allein was wirst du sagen, lieber Baron, wenn ich dir auf Ehre und guten Namen versichere, daß die meisten der jungen Musensöhne, welche gleichsam zu den elendesten Kupplerchargen sich herabwürdigen, Jünger Christi sind und einst Lehrer des seligmachenden Worts – hohe Priester, Diakoni, Kapellans und Volkslehrer – zu werden gedenken! Die Arbeit, das Scharren, Behacken, Pflügen und Ausputzen im Weinberge Gottes muß doch wirklich ganz erbärmlich bezahlt werden und wenig Kopfzerbrechen und Mühwaltung mehr kosten, wie könnte denn sonst der junge Anflug künftiger Arbeiter in den Tagen des Heils so wenig seine Bestimmung berücksichtigen, und wie wär's möglich, daß Menschen dahin gedungen werden könnten, die nach vollendeten drei Lehrjahren verwilderte Seelen in Ordnung bringen sollen und vielleicht selbst noch nie daran dachten, den Wust auszufegen, der in ihren eigenen Herzen und Köpfen gleich stark und dicht sich krustenmäßig angesammelt hat? Der junge Gesalbte kommt auf ein Dorfpfärrchen, wird Führer zur Seligkeit, und was wissen die einfältigen Bauern davon, daß ihr jetziger

Seelenhirte ehedem in Leipzig auf der großen Funkenburg – Schäfchen der feilen Wollust und niedrigsten Unzucht weidete?

Du arme christliche Kirche, wie weltlich werden von Tage zu Tage deine erwählten Söhne! Bald möchte wohl an deinem theologischen Himmel eine totale Sonnenfinsternis ausbrechen, deine Planeten und Fixsterne verschwinden und nur noch zuweilen der matthelle Mond deine Ruinen beleuchten.

Doch hinweg von diesen Lichtern der Welt und wieder zu den versprochenen Schilderungen zurück.

Bisher sprach ich von der Funkenburg lediglich in der Hinsicht, wie sie als ein Ort des Vergnügens für Fremde in den Messen berücksichtiget werden muß; etwas genauere Besichtigung aber verdient sie als ein Platz, wo sich auch außer den Messen viel einheimische Menschen jeder Art divertieren. Als ein solcher nun wird er wohl keinen Tag von Besuchern leer sein, und sooft ich dahin kam, um meine Bemerkungen zu bestätigen oder zu ordnen, fand ich auch Gäste in Fülle. Die Lage des Ortes, die, wie schon oben erwähnt worden, in der Tat sehr angenehm ist und bei keinem der übrigen Leipziger Vergnügungsplätze wohl stattfindet, mehr aber noch mag ein hier gangbares Lieblingsbier die zahlreichen Gäste herbeilocken, die täglich hier zur bestimmten Stunde sich unanimiter einfinden. Man nennt diesen gerühmten Labsalstrank gemeinhin Gose, und unter diesem Schild wird auch so manche Flasche Leipziger Breihan verkauft. Die hiesigen Ärzte haben sich bald die Gurgeln heiser geschrien, um dies Getränk totaliter von Leipzigs Schanktischen zu verbannen, so gefährlich, so nachteilig für die Gesundheit und so äußerst schädlich soll es nach ihrem Urteile sein. Allein, haben entweder die Leipziger Ärzte Kredit und Autorität schon gänzlich verscherzt, so daß es bedenklich wird, ihren Untersuchungen und den daraus hergeleiteten Resultaten fidem pastoralem zu schenken, oder hat wirklich dies Bier einen zu anziehenden Reiz, um ihm widerstehen zu können: kurz, man wallfahrtet nach den Orten, wo es geschenkt wird (wär's auch Stunden weit), ärger als die frommen Beter jetzt nach Loreto, und viele dieser Pilger haben sich sogar in dem Genusse desselben bis zu einer so hohen Begeisterung und Stärke emporgeschwungen, daß man sie per jocum Gosenbrüder nennt und aus mehr denn einem Grunde mit Recht so nennen darf, da viele derselben sogar ein eignes Studium daraus machen, eine ungewöhnlichere Kenntnis in den Eigenheiten und Beschaffenheit dieser Himmelsgabe zu erlangen, und mit allem Eifer an der bestmöglichsten Ausweitung ihrer Gurgeln arbeiten, um sie bis zu dem Grade der Empfängnis und Nachgiebigkeit auszuspülen, der gelassen einen täglichen Einguß von drei Gosenhumpen erträgt und dieses Einschütten wohl gar endlich zu einem so unentbehrlichen Erfordernis macht, daß nur Not und Elend erst imstande sind, sie wieder zu den reinen Quellen der Natur zurückzuführen, die nicht nach Kannen gemessen und um Sündengeld erkauft werden müssen, sondern die für jeden fließen, jeden gleich stärken und erquicken und oft wohl den Magen desjenigen wieder ins Gleis bringen, der sich ihn durch Gosenschwelgen so fürchterlich zerrüttete. Man kann hierüber nachlesen: Lunitzens Gosenessenz als das probateste Mittel, schlechte Advokaten zu machen. Dresden, 1799, in der Verlagshandlung, in 4to.

Und glaubst du nicht, lieber Baron, daß in diesem Leckerbiere so mancher schon sich bettelarm soff?

Und gerade dies Labsal ist auch auf der Funkenburg gangbar, dabei aber zugleich mit dem richtigen Zusatze, daß nirgends stärker, ärger und häufiger darin gewütet wird als hier und daß ebendaher kein Platz von jeher schon mehr dazu geeignet schien, den Ruin und das Elend so manches sonst guten Mannes zu vollenden, als eben der vorliegende.

Mit Szenen der traurigen Vergangenheit mag hier meine Feder sich durchaus nicht befassen, ich will lieber dafür desto unparteiischer in die Gegenwart eindringen, und dies um so mehr, da sie mir hinreichenden Stoff liefert, Betrachtungen in Menge zu machen.

Ich habe es mir nun einmal zum unverrückten Ziele gesetzt, nicht nur jeden öffentlichen Ort nach seinen Eigentümlichkeiten genau zu sondieren, sondern auch, wo es tunlich ist, selbst die Gesellschaft ein wenig zu mustern, die sich daselbst einfindet und wie Vögel auf gewohnte Bäume hierher ihre Sedes consuetas verlegt hat. Ich laufe dabei um so weniger

Gefahr, schief zu urteilen und parteiisch zu schildern, da ich immer nur eine und dieselbe Menschenklasse vor mir habe, welche zum Beispiel die Funkenburg nun einmal als ein Plätzchen betrachtet, wo man unter gleichvereinigten Brüdern seine Nacktheit und Blöße bis aufs Hemde sehen lassen könne und dem stillen Beobachter daher freien Spielraum läßt, nach Belieben Reflektionen zu machen. Unter dieser zuverlässigen Voraussetzung habe ich mich denn eine geraume Zeit mit meiner treuen Schreibetafel hieher begeben, fand mich nie in meinen Erwartungen getäuscht und kam immer, wie ein Trüffelhund von Visitator, mit bereicherter Tasche nach Hause. Doch muß ich leider schon im voraus gestehen, daß alle die nun folgenden gallenbittern Wahrheiten, die ich ausgespürt habe und worüber wir im Leugnungsfall den Angeschuldigten in optima forma den Eid deferieren wollen, meistens auf den Schmerbauch und das Haupt Herrn Müllers (Wirt) und seiner holden Gattin fallen, die wenigen übrigen Schattengemälde aber, wozu die Pinselstriche aus der sich hier versammelnden Gesellschaft genommen sind, um so weniger auffallend und befremdend sein können, je gewöhnlicher es ist, daß sich unter einer zahlreichen Herde nicht lauter makellose, sondern auch einige räudige Schafe befinden. Diese wenigen nun aber eine scharfe Revue passieren zu lassen ist Pflicht für mich; ich werde sie daher unverzüglich der Reihe nach mustern und gleich beim Eingange am Tische rechter Hand anfangen, den man abusive den Herrentisch nennt und an welchen sich stets ein wahres Quodlibet von Menschen hinpflanzt, die so gern den Unwert, an dem sie laborieren, in Wert verwandeln möchten, sich daher hinter das Panier einiger Angesehenen an diesem Tische verstecken und so vom Glanze dieser wenigen mitumstrahlt, eine Art von Noblesse formieren.

Hierher rechne ich nun vor allen anderen den Ring- und Kettenmacher Liebeskind, einen Generalschwadroneur ohne Kopf und Sinn. Sein Verstand gleicht dem Prinzmetall: kühn und frech tritt es an die Seite des edleren Silbers und brüstet sich bei allem Unwert keck unter jenem; allein der Kenner kommt, vermißt die Probe und wirft es unter die falsche Münze und Schlacken. So gleicht der Schimmer in seinem ganzen Wesen böhmischen Diamanten, die wohl auch zuweilen, wie einst Herr Liebeskind die Probe machte, für echte passieren, allein dem Kenner durch ihr groteskes Prahlen gleichfalls verdächtig werden und bei aller Brillantierung dennoch zuletzt, mit Bedauern ob der an ihnen verschwendeten Mühe und Verachtung gebrandmarkt wie so vieles, dem guten Glück sich überlassen sehen, das ja mit Prahlern und Dummköpfen ohne Verdienst oft so wunderlich spielt wie jetzt schon die Figur zeigt. Doch Vergleichungen solcher Art sind für diesen Mann immer noch viel zu erhaben, und er würde sich bei Lesung dieses ganz gewaltig brüsten, mit so edlen Erzeugnissen der Natur in Parallele gesetzt worden zu sein, ich will ihn also noch kürzlich –

denn was soll ich mich lange bei einem so elenden Stümper aufhalten – durch Lavaters Physiognomie beurteilen lassen.

»Wäre sein Kopf«, sagt Lavater, »nur um einen Daumen breit höher, so würde ich den Philosophen beitreten, die im Schädel den Sitz der Seele suchen; allein hier trage ich Bedenken, selbst das Gehirn entdecken zu können, das man doch gewöhnlich nach den obern Teilen der festen Schale bringt. Ich weiß nicht, mir scheint die Stirn viel zu weit vorwärts zu gehen, und die Tollader ist ebenfalls zu dick und gespannt, wohl mag also das bischen Gehirn, in einem kleinen Säckchen verwahrt, an den innern Stirnriemen hangen. Drum würde ich diesem Manne wohlmeinend anempfehlen, besonders des Abends (?) etwas langsamer und bedächtiger zu schreiten – bei einem Sturze würde sonst der Beutel gequetscht, das Gehirn in eine andere Richtung versetzt werden und eine böse Krisis für den Verstand eintreten. – Die Augenbraunen sind zu verzogen und deuten auf dunkle Ideen und Sturm. – Die Augen selbst sprühen ganz unleugbar Hinterlist und Tücke, so wie das Weiße darin Nebel und zuweilen Sturm mit Schloßen markiert. – Die Nase muß gute Luftlöcher haben, und dann faucht stets darin ein egoistisches Schnauben. – Die Grübchen in der rechten Wange zeigen viel Belesenheit in alten Kirchenvätern an, so wie das linke Ohrläppchen auf einen perfekten chymischen Schmelztiegel und eine unvergleichlich gute Schleifmühle für unechte Steine hinweist. – Die

Furche in der Oberlippe scheint mir eine Brühpfanne des Verstandes zu sein; sie wogt in ewiger Unruhe, die untere Lippe muß nachfolgen, um Materialien unterzuschieben, und nun fangen die durcheinandergeschmissenen Ideen an, polternd zu sieden. – Der Mund im ganzen genommen verspricht überdem noch viel unreifes Raisonnement und mokantes Tadeln, so wie das etwas starke Kinn viel Unduldsamkeit verrät, zugleich aber auch ganz auffallend für Toleranz in Betreff männlicher Untreue spricht.«

Und nie traf wohl Lavaters Urteil genauer mit der Wirklichkeit überein als in vorliegendem Falle, und die, welche Herrn Liebeskind näher kennen, werden ihm und mir von Herzen beistimmen.

Diesem Ehrenmanne gegenüber sitzt in vollem Gefühle seines Berufs der Billetteur Schlüssel und spioniert auf verdächtige Reden, die dann durch Silbergeld wieder unverdächtig gemacht werden müssen, wenn sie nicht nächsten Tages mit gravierender Übertreibung protokolliert werden sollen. Man duldet ihn, weil er gefährlich werden kann, und keiner wagt es, den ersten Stein auf diesen Judas zu werfen.

An seiner himmelblauen Seite paradiert mit gräßlichem Geschrei Herr Advokat Bernig. Wenn es wahr ist, daß aus verdorbenen Theologen gute Juristen werden sollen, so kann ich bei diesem Manne nur insoweit jenem angenommenen Grundsatze beitreten, inwiefern er beim Umsatteln seinem dogmatischen Ketzergeschrei immer noch treu geblieben und den theologischen Schmälfungus in einen juristischen Marktschreier verwandelt hat. Um sich von der Gewißheit dieser Behauptung genauer zu überzeugen, darf man nur zur eilften Vormittagsstunde den Saal der Signoria betreten, wo man gewiß schon auf den ersten Stufen mitten durch das dumpfe Gemurmel der versammelten Menge hindurch Bernigs lautkreischende Stimme vernehmen wird. Der gemeine Pöbel steht in dem Wahne: wer recht schreit, ist seiner Sache gewiß. Bernig weiß dies Vorurteil echt theologisch zu benutzen, schreit und streitet auf seine Kollegen los mit Händen und Füßen, bis er heiser wird, die Einfalt staunt und – nennt ihn einen unüberwindlichen Verfechter menschlicher Rechte. Kaum weiß er sich daher vor dem Zulauf des niedern Haufens zu schützen, streicht schmunzelnd seine Liquidationen ein und lacht über die Torheit der betrogenen Klienten. Die Welt will es nun einmal so haben, und um bei ganz mittelmäßigen oder gar keinen Kenntnissen nicht zu verhungern, wird, wie billig, das rechtliche Gefühl an den Nagel gehängt. Übrigens ist die Lärmposaune diesem ehrlichen Manne schon so zur Gewohnheit oder Bedürfnis geworden, daß er damit auch unter zivilisierteren Menschen erscheint und sie selbst da nicht zu Hause läßt, wenn er auf der Funkenburg am Herrentisch die Zahl der närrischen Gäste vermehrt. Gelehrten ist gut predigen, sagt man; und unter Dummköpfen läßt sich's gut streiten. So hier. Bei Bernigs Erscheinen formiert sich sogleich ein wahres

Femgericht; Liebeskind spielt den Kläger, Schlüssel sitzt da in Form des Beklagten, demütig einem armen Sünder gleich, und Bernig agiert den Defensor. Nun solltest du deine wahre Lust sehen, lieber Baron, wie Bernig, einem Inspirierten nicht unähnlich, die Augen verdreht, mit dem Kopfe, einem Entensteiß gleich, wackelt, mit einem so erbärmlichen Zetergeschrei auf Klägern losstürmt und so feurig Beklagtens Unschuld und Gerechtsame in Schutz nimmt, daß den nebenansitzenden und herbeigekommenen Zuhörern ganz angst und bange wird und der nicht Unterrichtete wohl glauben könnte, es sei hier ein zweiter Pariser Konvent. Bernigs Klient wird in Mangel mehrerern Verdachts wie billig absolviert, und der Defensor verläßt nach acht Uhr unter lautem Beifallsjauchzen den Saal.

In vollem Vertrauen, daß Gott seiner Familie einst noch großes Heil werde widerfahren lassen, erscheint hier ebenfalls der kupferigte Torschreiber Retzsch und nimmt Gratulationen zu künftigen Gnadenerweisungen an. Als Leipziger Torschreiber soll man, wie vorwitzige Klügler behaupten, eine recht gute Nummer haben, und hier wenigstens legt sich die Richtigkeit jener Behauptung sehr sichtlich zu Tage. Retzsch hat eine zahlreiche Familie (meistens besteht sie aus Mädchen), allein betrachte diese und gehe noch weiter in das Innere seiner häuslichen Wirtschaft, so wirst du keinen Torschreiber, sondern einen kaufmännischen Luxus gewahr werden. Die Töchter wandeln in gräflichem Glanze auf

Promenaden und öffentlichen Orten umher, und fast sollte man an diesem Schimmer zum Zweifler werden, daß die väterlichen Sportelpfennige ihn hervorbringen könnten – so auffallend und prunkvoll ist er. Der stille Beobachter ist daher von obiger Behauptung ab- und zu einer anderen Quelle übergegangen, aus der die Bestreitung jenes verschwenderischen Aufwandes wohl weit natürlicher herzuleiten sein mag. Eine Retzische Tochter nämlich, weiland sehr angenehm und niedlich, hatte das eben nicht seltene Glück, dem Sohne eines hiesigen sehr reichen Mannes zu gefallen, aber auch das noch weit seltenere – treu von ihm geliebt zu werden. Der Vater des jungen Menschen erfuhr nicht so bald dies sein Ansehn entehrende Bündnis, als er auch sogleich dem Vater des Mädchens ernstlich und drohend gebot, dies Verständnis durch sein Machtwort zu trennen, und seinem eigenen Sohne wohlmeinend anriet, dieser elenden Grille, bei Verlust seiner Huld, sich sogleich zu entschlagen. Allein beide fühlten wenig Beruf, diese Warnungen zu Herzen zu nehmen; ersterer aus Interesse und letzter aus zärtlicher Liebe. Dem ehrwürdigen Vater zum Trotz geht nun schon seit einigen Jahren der junge unbesonnene Mann, seine Torschreiber-Schöne am Arm, auf allen Alleen umher, ist selig in ihrem Besitz, gibt für einen zärtlichen Blick, was die Lose verlangt, läßt Nähtischchen für zwanzig Louisdor seinem entzückten Liebchen ins Haus schaffen und borgt, wo nur zu borgen ist, auf das längst gewünschte Ende des reichen Vaters. Doch zeitig genug werden dem Betrogenen die blöden Augen sich öffnen; das stolze Tormädchen liebt jetzt schon in ihm nur den künftigen Besitzer eines großen Vermögens, und nur ein wenig Geduld: wird die Schöne durch deine Einfalt erst unter die Haube gebracht sein, oh, dann sorge wahrlich nicht für Hörner, guter Doktor! Doch nemo omnibus horis sapit, und Apel singt: in me tota ruit Venus, daher ziehen sich redliche Freunde bedächtig zurück und überlassen den Verblendeten seinem Schicksale; und sosehr auch immer sein wirklich gutes Herz gute Tage verdient, so viele traurige Stunden, fürcht ich, können ihm dennoch einst werden!

Vor allen andern aber gewährt Herr D. Ecks (Ex) vermöge des ihm anklebenden Prädikats eines Doktors der Rechte und der ihm anhangenden unbeschreiblich dicken Backen dieser nobeln Trinkgesellschaft noch einiges Ansehn. Mögen es Institutionen oder Pandekten sein, welche nach diesem Teil des obern Körpers (denn der untere ist verflucht dürre!) ihren Zug genommen haben, so ergibt sich, daß sie bei aller ihnen sonst eigentümlichen Trockenheit ihre Verehrer dennoch zuweilen recht gut zu nähren verstehen. Allein so ganz mag die Gosenessenz wohl auch nicht als ein Hilfsmittel obbemeldeter Gesichtsstärke verworfen werden können, und die Funkenburger Winterschmäuse, wobei Herr D. Ex zu des Wirts inniger Freude stets meisterhaft den Werber und Invitator agiert, für seine Mühwaltung aber wie billig cum uxore deformi frei ausgeht, müssen ebenfalls als schätzbare Beiträge gerühmter Backenbereicherung angesehen und publice empfohlen werden!

In voller Schneiderpracht präsentiert sich noch an dieser Tafel das possierlichste Männchen unter der Sonne – Herr Larmé. Einige adelige Ideen, die ihn einst auch wohl verleiten mochten, Equipage zu halten, und dann das unaufhörliche Beifallslächeln abgerechnet, womit das Schneiderlein jeden winzigen Einfall beehrt, scheint er mir am ganzen Tische noch einer der Vernünftigsten zu sein, und Herr Müller würde ihn um alles in der Welt nicht gerne missen wollen, denn seine Magenphilosophie ist unstreitig die, welche dienstfertige Wirte jedem ihrer Gäste wünschen.

Hast du nun an den Schilderungen der ersten Tafel genug, oder soll ich in meinen Gemälden fortfahren? Vollendet sind sie nur erst zur Hälfte, und ich werde wohl noch einen ebenso langen Brief damit ausfüllen müssen, wenn du alle die närrischen Dinge ersehen willst, welche hier dem beobachtenden Auge sich darbieten. Doch jetzt schließe ich und erwarte deine weitern Wünsche.

v. N. N.

Sechzehnter Brief

An den Schilderungen der Subjekte des ersten Tisches hättest du also, laut deinem Geständnisse genug, und ich will daher ohne Verzug zu andern schreiten, denen ich ebenfalls im voraus deinen Beifall wünsche.

Fast möchte ich mich nun vor allem ein wenig an den Herren Billardisten reiben, von denen hier so manche dies sonst unschuldige Vergnügen bis zu einem hohen Grade der Gaunerei treiben; allein ihr Anführer und ehemaliges Oberhaupt hat sich seit einiger Zeit aufs Land gemacht, und mit dem Weggange des Direktors scheint auch die ganze übrige Rotte zersprengt worden zu sein; sie überheben mich daher einer unangenehmen Untersuchung ihrer Gilde.

Zunächst fällt mir nun aber das zerhauene und zerfetzte Mulattengesicht eines Afterarztes in die Augen, den der Himmel im Zorn zu einem Doctor medicinae machte und an seinem abscheulich-widrigen Zügen vielleicht ein warnendes Generalbeispiel geben wollte, wie nötig es überhaupt sei, sich vor der Heimsuchung jedes Leipziger Arztes zu hüten. Daß die Zunft hiesiger Äskulapensöhne im ganzen schon ihr eigenes philosophisches System habe, ist bekannt, und wer dies noch nicht wüßte, dem müßte es ja, glaube ich, schon so manches Benehmen erweisen, daß außer diesem Systeme sich wohl schwerlich ein andres erlauben möchte. Doch das Ziränerische macht, jene Eigentümlichkeiten auch abgerechnet, ohnedem noch besondere Epoche; alle Ketten des eisernen Zwanges hat es (echt philosophisch) weit von sich geworfen, erhebt sich aus dem Staube zum Seraph, verachtet das Hohngelächter einiger vernünftigen Toren und hüllt sich in einen aschgrauen Mantel, der freilich besser deckt als alle philosophischen Dogmen und sicherer vor Erkältung schützt als Gesundheitsmoltum und Elixiere. Ziräner (Zierener) hat jetzt neben seiner Praxis überdem noch das Direktorium über das Fuhr- und Reitwesen einer gewissen Dame übernommen, die zu ihren Matins sich die aschgraue Farbe erwählte und vorwitzigen Spaßvögeln dadurch Veranlassung gegeben hat, ihren Wagenmeister sehr naiv mit der Charge eines Schaffners von der aschgrauen Kutsche zu belegen. Doch Zierener ist weit entfernt, die Obliegenheiten eines gewöhnlichen Kutschers so strikt zu befolgen, daß er wie seine hungrigen Kollegen zur zwölften Stunde des Mittags vor dem Peterstor hielte, unter freiem Himmel vorübergehende Fahrlustige anwerbe oder sie wohl gar sans façon in seine graue Chaise hineinschöbe; nein, lieber spannt er sich selbst vor das niedliche Kariol und fährt damit, so sauer es ihm auch werden mag, zur großen Funkenburg hin, wo bei einer Flasche Gose (oder wenn Kundleute wie Herr Lieutenant Wolf oder

Herr Linke zugegen sind, bei einer Bouteille Wein und einem Karpfengerichte) der Termin zur Fahrt wohl ebensogut oder noch besser bestimmt werden kann als vor dem Peterstore in der Sonnenhitze bei trockenem Maule.

Oh, die lieben Musen sind doch wahrlich recht gütige Mütter; sie lachen da zu den Bocksprüngen ihrer freien Kinder, wo ein schlichtes Handwerk seine zünftigen Söhne prügeln oder als ungeratene wenigstens beklagen und dann ohne Barmherzigkeit ausstoßen würde.

Diesem Ehrenmanne gerade gegenüber ist derjenige friedliche Tisch, woran das lustige Schneidervölkchen sich einmütig versammelt, die Torheiten leichtgläubiger Kaufleute belacht, von guten wie von schlechten Kunden spricht und Schafskopf spielt. Kein so vergnügter, kein so zufriedener und mit Himmel und Welt so einiger Mensch mag wohl kaum auf unserem sublunarischen Erdball aufzuzeigen sein als es ein Leipziger Schneider ist. Not haben die guten Leutchen zwar immer, und für tiefe Seufzer sorgen schon die bösen Schuldner. Allein laß alles Ungemach hageldick auf sie einbrechen, laß den Kaufmann fluchen, den Tuchhändler drohen, den Knopfmacher brüllen und den Stadtsoldaten exequieren, wie er will: es dauert doch nur ein Weilchen, die Wolken zerteilen sich wieder, und desto heller scheint dann die Sonne der Lust, wenn die vierte Nachmittagsstunde sie gleichsam fühlbar in den Nacken schlägt und unaufhaltsam nach der großen

Funkenburg fortzieht. Da werden dann im edlen Gosentranke die sogenannten Curas grillasque vertrieben, alle Hausstands- und Weibersorgen verjagt, und ein Kärtchen vollendet die Feier des Tages. Dabei sind denn die guten Leutchen mit ihren Genossen so einig, so wenig neidisch auf des andern größere Kundschaft und so brüderlich einmütig, daß jeder Zunftgenosse stets in ihrem Herzen den ersten Platz behauptet und nur etwa ein paar lustige Magistri oder der Conversus Sonntag sich in ihr Vergnügen mit einschleichen können, welcher letztere ihnen denn tagtäglich an den Fingern beweist, daß der Jude beim Übertritt zum Christentum dennoch seine jüdische Knifftologie nicht vergesse.

Und hiermit, du seelenvergnügtes Schneidervölklein, hätte ich denn auch dir ein kleines Denkmal meiner Zufriedenheit über deine immer heitere Laune gesetzt.

Fast hätte man nun glauben sollen, daß die Sekte am gegenüberstehenden Tische beim Anblick stets froher und lustiger Menschen etwas wenigstens von seinem aristokratischen Steifheitssystem abgeschliffen und die alte Klosterkapuze längst von sich geworfen haben sollte; allein was paßt, was schickt sich besser für alte Sünder als eine andächtige Miene und verdrehte Augen? Sonderbar! Bei aller der stillen Pietisterei, bei allen den dogmatischen Schmälfungereien dennoch so viel Unduldsamkeit, so viel Prätension und eine Impertinenz, die so weit geht, daß sie sich an einem öffentlichen Orte sogar

Schenktische leibeigen macht und durchaus nicht gestatten will, daß ein anderer seine Finger an dies große Heiligtum lege. Nie will der Esel weichen und immer nur das letzte Wort haben; spannt man sein Fell über eine Trommel, so läßt er auch nach dem Tode die Mucken noch nicht, und so, glaub ich, wird's auch einst an diesem Tische werden, wenn der Tod das Dominium verändert, denn um ihn herum werden die alten Besitzer wenigstens noch spucken.

Das Personale an dieser Tafel ist gemischt, und ein Fleischwieger (denn den Titel eines Fleischsteuereinnehmers haben diese Herren nur in ihren Gedanken) führt jetzt das Präsidium. Die Fleischersporteln müssen wirklich so unbeträchtlich nicht sein, wie man vielleicht glauben könnte, denn hier wenigstens legt sich das Gegenteil recht sichtlich zu Tage. Man kann sehr füglich bei diesem Ämtchen seine Wirtin zu Schmausereien mitnehmen, und zur Dankbarkeit muß doch wohl billig ihr Ehemann Bedientenstelle vertreten und dem Herrn Einnehmer bei regnerigtem Wetter den Matin nachtragen, denn ganz umsonst frönt keiner so leicht in den Laufgräben einer schon halb verschütteten Festung. Soviel wird, glaub ich, genug sein, um mich verstehen zu können.

Daß Betrügereien und das daher gezogene Gut meistenteils nicht lange wuchere, beweist das Beispiel des an diesem Tische sitzenden Trakteurs S. Er und Herr Summburg vereinigten sich ehedem, einem armen Teufel (Tuttenhöfer), der noch den Wert des Geldes nicht kannte, das Fell über die Ohren zu ziehen. Die beiden Kompagnons wußten sich in kurzem zu Direktoren seiner Handlungen wie seiner Kasse zu machen, sorgten christlich für seine physischen Bedürfnisse und schafften gestempelte Mädchen herbei, die nach neun Monaten mit ausgestopften Leibern heranrückten und für ihre (lange entehrte) Jungfrauschaft ein Abfindungsquantum verlangten. Der arme Tropf war zwar freilich seiner Unschuld sich bewußt, allein die beiden Rädelsführer ermahnten das gutwillige Tier zur christlichen Liebe, gern gab er also hundert Taler hin, um nur das Lamentieren loszusein, und in der Unterstube wurde das artige Sümmchen redlich geteilt, die am Leibe aufgestopften Betten lachend wieder vorgezogen, und nun erst lief die Dirne mit unverletzter Jungfrauschaft wieder zur Mühle heraus. So ging es aber nicht etwa nur einmal, sondern wohl hundertfältig.

Auch für die Erweiterung seines Vermögens wollten die sauberen Herren bedacht sein und legten auf Tuttenhöfers Kosten ein Magazin an. Allein bald war das Korn eingetrocknet, der Hafer angelaufen, beide Artikel fielen auf einmal im Marktpreise, und der Gewinn …!!

So wurden diese beiden Bestien Tuttenhöfers Unglück, legten wenigstens die erste Grundlage dazu und brachten ihn in kurzer Zeit um ein Kapital von nicht mehr als zehntausend Talern. Tuttenhöfer fiel bis zum Landstreicher, die beiden Blutigel lächelten zu seinem Untergange. Tuttenhöfer ist jetzt im Lazarett, beweint seine jugendlichen Torheiten und verflucht die Urheber seines Elendes. Bei dem Trakteur S. soll er vor einiger Zeit um ein Almosen gebeten haben, allein dieser sitzt selbst im Drecke bis über die Ohren, und die Frau, welche bestimmt war, seine Schulden zu tilgen, ist klug genug, sich aus der Affäre zu ziehen. Bei Summburgen darf er nun vollends gar nicht anpochen, denn diesen ernährt jetzt die Tochter und sein graues Haar. Unrecht Gut wudelt nicht, sagt man im Sprichworte; allein ob es gleich nur Sprichwort ist, so möchte es bei diesen beiden Schurken diesmal doch wörtlich eintreffen, denn beiden fehlt nichts als ein derber Knotenstock, um betteln zu gehen.

Willst du auf jede Stunde im Jahr etwas soviel als möglich Verworrenes hören, so setze dich hierher zur Seite des Tischlermeister Fusingers. Schuster, bleib bei deinem Leisten!, und du, Tischler, geh nicht über deinen Hobel: so möchte man wirklich diesem unsinnigen Manne zurufen. Viel unverdauete Lektüre mit zurückgelassenen Kruditäten im Kopfe, eine Selbstliebe ohne Grenzen und eine Deklamation aus dem achten Jahrhundert, das sind ohngefähr die Haupteigenschaften, die ich vorausschicken muß, wenn du dir nur einen höchst schwachen Begriff von diesem sonderbaren Manne machen willst. Rechne nun noch dazu eine Menge der gräßlichsten Ammenvorurteile, die so fest kleben wie der Leim, womit er seine Kommoden verschmiert, addiere dazu eine unglaubliche Belesenheit in alten Erzvätern und chymischen Skarteken, dann einen Wust von scholastischem Unsinn und eine mehr als mystische Sprache, so hast du das vollendete Gemälde eines inspirierten Kapuziners.

Das wäre denn also das Personale dieses leibeigenen Tisches, und ich bin herzlich froh, daß ich zeitig genug noch zur Vollendung schritt. Toren machen gewöhnlich dem Zuschauer viel Spaß, doch ich verweile nur ungern lange bei ihnen. Stets denke ich dabei an unser aufgeklärtes Jahrhundert und wundere mich, daß es immer noch so viel dunkle Geister erschuf. Doch was kann im Grunde das Jahrhundert dafür, daß Mohren sich nicht waschen lassen wollen?

Noch so mancherlei Farcen wären zwar übrig, die allerdings wohl einer kleinen Beleuchtung wert zu sein schienen; allein ich bin wirklich solcher Schilderungen müde und will statt dessen eine kleine Zugabe beifügen, die freilich etwas klein ausfallen wird, da mir ohnedem in diesem Briefe noch eine weitläuftige Charakteristik bevorsteht.

Der Ton (und das ist denn die versprochene Zugabe), der an diesem Orte des gesellschaftlichen Vergnügens herrscht, ist durchaus nicht von der Art, daß ich ihn mit Überzeugung empfehlen könnte, und fast möchte ich sogar behaupten, es herrsche hier eigentlich gar keiner. Sogleich folgen die Gründe:

Nach Tische mit dem Glockenschlag vier kommt zwar alles wie gerufen herbei, allein jeder kömmt aus eignen Absichten, und nur ein sehr seltener Fall ist's, wenn einmal ein gemeinschaftliches Interesse fünf Personen zu einer nützlichen Unterhaltung vereinigt. Meistenteils aber gewahrt man dies Phänomen nur dann erst, wenn etwa ein neuer Bankrott ausgebrochen oder nach Hamburger Blättern der Feind geschlagen ist, oder vielleicht ein armer Teufel das große Los gewonnen hat. Übrigens aber sind Kopf und Herz jedes hierherkommenden Gastes schon im voraus, und fast möcht ich sagen, auf alle Tage im Jahre zu einem einzigen festen Endzweck vergeben.

Die ersten viere erscheinen zu einem bestellten Lomber oder Solo; die zweiten bilden einen eigenen Ausschuß, und jedem andern ist der Zutritt versperrt; oder wagt sich ja aus Unbekanntschaft mit ihrem System ein Uneingeweihter zu ihnen hin, so ist der ganze Klub auf einmal stumm wie ein Grab; der Hinzugekommene sperrt das Maul auf oder geht wieder, wenn er gescheut ist, seinen Gang. Die dritten sitzen da und schlucken, daß ihnen die Adern anlaufen, ach, und sehen dabei stets so freundlich nach ihrem Fläschchen hin, als wenn heilige Engel drin herumschwömmen; aber kein Laut entweiht ihre rotglühenden Lippen. Die vierten stehen stummen Götzen gleich an den Schranken des Billards und begleiten mit ihren stierenden Blicken jeden Ball zu seinem Loche. Die fünften (und das sind denn die wenigen Vernünftigen) gehen ohne Aufhören den Saal bald auf, bald ab und sehen sich, da es ihnen an zweckmäßiger Unterhaltung gebricht, genötiget, sich in sich selbst zurückzuziehen. Mit verborgenem Lächeln hören sie das Gemurmel der gärenden Menge mit an: wie der eine über den verlornen Schafkopf flucht, der andre über schlechte Gose schreit und der dritte alle Teufel zu Hülfe ruft, daß ihm heute kein Ball gelingen will.

Die Musik ist zuweilen das einzige noch, was einige Stunden lang Unterhaltung gewährt, und wirklich geben sich die Spielenden viel Mühe. Allein diese Freude dauert auch nur die Sommerszeit über, denn im Winter versammeln sich tanzlustige Damen, und ihre Chapeaus lassen dann Walzer aufspielen. Freilich findet da mancher wieder eine neue Unterhaltung, und wär's auch nur die – eine erhitzte Jungfer (?) in neues Feuer zu treiben.

Im ganzen also muß man die Funkenburg bloß als einen Ort betrachten, den nur höchstens solche Menschen besuchen, die mit Leib und Seele Trinker sind; wer aber etwa nach vollendeten Geschäften eine angemessene Erholung wünscht, der sucht sie vergebens daselbst und wird sich höchstens einmal täuschen lassen.

Auch mit der versprochenen Zugabe wäre ich nun fertig und habe, ehe ich diesen Brief beschließe, bloß noch die Charakteristik des Wirts und seiner teuren Ehehälfte vor mir – oh, ein sehr schweres Kapitel; ich muß mich in der Tat so kurz als möglich fassen, sonst liefe ich wahrlich große Gefahr, ein ganzes Alphabet damit zu füllen. Allein wo soll ich nun zuerst anfangen?

Der jetzige Besitzer der Funkenburg, Herr Müller, kaufte dies Grundstück von einem Gelehrten, dessen Sinnesorgane sich zuweilen in einem Zustande befanden, der, wenn man ihn zu nutzen verstand, sehr füglich erlaubte, den ganzen Mann zu verwirren; und gerade eine solche Krisis mußte wohl Herr Müller sehr glücklich benutzt haben, denn sein wohlfeiler Kauf machte Aufsehn. Doch auch dies geringe Quantum war Müller nicht imstande, aus seinen eigenen Mitteln zu bezahlen, und Herr Advokat (?) Lange tat daher Vorspanne. Im Anfange ging alles sehr glücklich vonstatten, und der Zuspruch, der sich immer häufiger einfand, versprach nur zu sehr die Gewißheit, einst aus Müllern einen reichen Mann zu machen. Allein die Szene änderte sich leider nur zu bald.

Müllers Gemahlin fing an, Vergleichungen zwischen den Talenten ihres Mannes und denen anderer artigen Männer zu machen; sie war damals noch in ihrer Blüte, und es konnte ja daher durchaus nicht an Subjekten fehlen, welche um ihre Gunst buhlten. Die Dame war nicht grausam genug, ihre Anbeter lange seufzen zu lassen, und so hatten denn in kurzer Zeit mehrere zu ihrer Fahne geschworen. An ihrer Spitze stand Guthmann. Die Dame mochte an den Erweisungen seiner Liebe viel Behagen finden, denn bald genoß er ihren ungeteilten Beifall, den sie denn bei näherer Bekanntschaft wirklich so weit extendierte, daß Guthmann ihre Leibesangelegenheiten besorgen und Erzeuger zweier jetzt noch lebender und sein wahres Bild an sich tragender Kinder werden konnte. Müller fühlte seine Ohnmacht und ließ ohne Bedenken seinen Namen ins Kirchenbuch eintragen. Allein dem armen Guthmann kostete diese Administration leider sein halbes Vermögen und ward in der Folge der Grund zu seinem Unglück. Er mußte die genoßenen Freuden sehr teuer bezahlen und, als seine Finanzen erschöpft waren, seine Amasia und das geliebte Leipzig verlassen. Er hat sehr hart für seine Torheiten gebüßt, und sein übrigens guter Charakter verdiente ein besseres Los, allein er war zu tief schon in die Schlingen gefallen, die ihm Raubsucht und Buhlerei legten, um noch zeitig genug mit Ehren sich herauszuwinden. Ohnmöglich konnte nun aber Dame Müller nach seinem Verschwinden lange brachliegen, und Mechaniker und Ärzte besetzten den erledigten Posten. So ging denn die saubere Wirtschaft ohne Aufhören fort; der eine trat auf, der andere ab, und auch noch jetzt, da graues Haar ihr Haupt silbert, läßt sie sich so seelengern den Bart streichen und von einem Töpfer Formen drehen.

Die Folgen solcher Ausschweifungen können nie ausbleiben, und auch hier sind sie längst schon sichtbar gewesen. Als Wirtin lag ihr ob, die nötigen Einrichtungen in der Küche und im Hauswesen zu besorgen, allein wie vertragen sich Küche und Liebhaber? Die letzteren müssen notwendig vorgehen, und die ersteren werden treulosen Dienern überlassen, die sich freilich besser dabei befinden, wenn sie nach eigner Willkür schalten können, als wenn eine aufmerksame, selbsttätige Hausfrau ihnen auf die Finger sieht. Außer einer unrichtigen Berechnung schleppt daher überdem noch alles, was Atem hat, und für die in gewissen Punkten nötige Verschwiegenheit muß Madame Müller demohnerachtet noch extra bezahlen.

Freilich merkte Müller nur zu bald das Stocken in seinem Hauswesen, er sah die Urheberin seines Elendes, und eine tüchtige Karbatsche sollte vor allen die Sünderin zur Buße zurückleiten. Das arme Weib schrie nun anfangs und weinte die bittersten Tränen; dann aber kam es zu Vorwürfen des Selbstverschuldens, und endlich lachte die verstockte Dame gar zu seinen ohnmächtigen Drohungen. Man riet ihm wohlmeinend an, mit dem ersten Medikamente fortzufahren, allein das Mitleid lähmte den Arm. Nun sieht der gute Mann gelassen zu, wie elende Buben sein eheliches Bett beschimpfen, und höchstens einmal, wenn die Zunge schwer zu werden beginnt, läuft die Galle ihm über, und dann verwickelt sich eine derbe Hetzpeitsche in die Kräuselhaare der graduierten Beischläfer seiner Gattin. Allein dergleichen Exekutionen fallen, wie schon erwähnt, nur äußerst selten vor, und Müller benimmt sich im ganzen bei diesen Eingriffen in seine Rechte sehr philosophisch.

Ist's aus Desperation oder Neigung geschehen – Müller hat seit einiger Zeit alle Götter quittiert und dafür seinem Götzen, dem feisten Bacchus, ewige

Treue geschworen. Schon bei dämmerndem Morgen bringt er ihm schäumende Trankopfer, und die späte Nacht findet ihn oft noch in seinem Dienste. Seine Markörs wissen diese Betstunden aufs Haar, verkaufen indes auf ihre Rechnung und schleppen ganze Trachten nach Hause. Auch Nachschlüssel sind hier Mode, und oft ist der neu angekommene Wein schon halb ausprobiert, ehe ihn Müller noch zu Gesichte bekam.

Wäre der Zuspruch auf diesem Platze nicht so außerordentlich zahlreich und der Gewinn daher nicht so ganz ungeheuer, als er es wirklich ist, so würde Müller längst schon ein Bettler sein, indes seine Diener sich Häuser bauen könnten.

Allein endlich muß es doch kommen, und die Not wird hereinbrechen wie ein Dieb in dunkler Nacht, denn jetzt schon ist zuweilen nicht so viel in der Kasse, als eine Schmiede- oder Wagnerrechnung beträgt. Seine eigenen Gäste halfen ihm schon oft mit zwanzig Talern aus der Not, und die Markörs lassen gern ihr Salarium auf Jahre stehen, damit sie vor Verjagung sicher sind, da sie recht füglich von dem Betruge leben können, den sie an ihrem armen Herrn und Meister verüben.

Es jammert den rechtschaffnen Mann, wenn er einen schon halb Gesunkenen in solchen Händen sieht. Diese Bestien sind ärger noch als Blutigel und Schröpfköpfe, die doch dann wieder nachlassen, wenn sie satt sind. Diese aber gleichen immer gefräßigen Raubtieren, nur höchstens mit dem kleinen

Unterschiede, daß letztere sich weder an Zeit noch Umstände binden, jene aber nur dann die Kralle zum Greifen ausstrecken, wenn sie vor Licht und Knotenstöcken sicher sind.

O armer Müller, wollte sich doch ein treuer Freund finden, der dir die blöden Augen öffnete und Mut genug hätte, dein treuloses Weib samt deinen gewissenlosen Dienern in einem Nu zum Teufel zu jagen, vielleicht würde es ja dann etwas besser mit dir!

Noch wäre mir zwar eine sogenannte Reitschule, welche Dame Kelz auf diesem Platze unterhält, zu beschreiben übrig; allein da ich nicht recht eigentlich in Erfahrung habe bringen können, wer wohl zureitet und was zugeritten wird, so stehe ich deshalb auch an, mit meinen Gedanken und Vermutungen etwas zu aufrichtig zu sein.

Und so wäre ich denn nun endlich mit der Schilderung der Funkenburg und ihrer Freuden zustande und fange jetzt an, mit meinem Senkblei in den Tiefen eines andern Ortes zu sondieren, der ganz eigentlich ein Schlupfwinkel des hiesigen vornehmeren Pöbels zu sein pflegt. Ich weiß schon, du wirst im voraus einer kleinen prüfenden Untersuchung des Place de Repos entgegensehen, und mein nächster Brief soll dich auch wirklich hierüber befriedigen; bis dahin lebe wohl.

v. N. N.

Siebzehnter Brief

Das kleine niedrige Ställchen, das man gemeinhin ›Place de Repos‹ nennt, liegt am Eingange eines fünf Schuh breiten Gartens, dicht an der Pleiße, für die Damen also sehr bequem, welche, wie man in proverbio zu sagen pflegt, gern ins Wasser gehen; noch weit gelegener aber für so manchen hierherkommenden Kaufmann, dessen Kredit so beschaffen ist, daß er zu jeder Minute vom Lombertische aufstehen und ohne weitere Umstände zum Schrecken der betrogenen Gläubiger sich untertauchen könnte.

Die Anlagen im Garten sowohl als das eigentliche Gebäude selbst bestehen ohngefähr erst seit zehn Jahren und verdanken ihre Existenz dem erfinderischen Genie eines raffinierenden Wirtes, der aus einem Treugeplatze so artige Partien hervorrief und dadurch (wiewohl ganz ohne seine Schuld) Gelegenheit gab, daß man plötzlich auf ein Kontrarium fiel und jetzt diesen Fleck zum Naßmachen gebraucht, statt daß man ihn ehedem zum trocknen benutzte.

Vor allen andern Sehenswürdigkeiten (?) des Gartens selbst verdient eine Statue erwähnt zu werden, deren Eigentümlichkeiten jedem auffallen müssen, der da weiß, daß Damen aus gebildeten Ständen hierherkommen.

Vermutlich soll diese Statue unsern entnervten

Männern Stoff geben, sich ihrer Schwäche zu schämen und in die erhabenen Urzeiten sich zu versetzen, wo noch deutsche Sitte war, wo man Männer noch Männer nennen konnte und wo die Liebhaber noch mit Präsentations- und Empfehlungsschreiben herumliefen, die tüchtiger und schneller rekommandierten als das Winseln und Schmelzen unserer heutigen Schäfer.

Allein das Empfehlungsschreiben obiger Statue (welche, unter uns gesagt, einen nervösen Kraftmann in puris naturalibus darstellt) ist denn aber diesmal freilich so korpulent ausgefallen, daß unsere jetzigen empfindsamen zarten Weiberformen es nur nach vielen Krächzen und langem Sperren erst ad protocollum würden bringen lassen; inzwischen aber beneiden sie doch im süßen Anschaun desselben ihre Vormütter, die bei so göttlichen Adspekten unmöglich anders als höchst entzückt und selig leben konnten.

Dann soll aber auch vielleicht eben diese Statue (eine Vermutung, die mir um vieles natürlicher zu sein scheint) ein warnendes Beispiel für so manche unserer vorwitzigen Süßlinge sein, die sich nicht entblöden, mit ihren dünnen, schwachen, kurzen, abgelebten oder gar nur halben Traktätchen sich keck unter brünstige Damen zu wagen, die aber von Errichtung jener exemplarischen Statue an nun nicht mehr so nachsichtig und leichtgläubig wie ehedem sind, sondern ihren Sklaven zuvor etwas genauer untersuchen und dann gewiß den zu einem ewig vergeblichen Schmachten verdammen, dessen mitgebrachte Empfehlungen nach angestellter Okularinspektion durchaus nicht so befunden werden, wie sie à la Statue eigentlich sein müssen. Dann würde es nun freilich um so manchen gar übel aussehen, und die armen Damen dürften vielleicht ein ganzes halbes Jahrhundert hindurch suchen, ehe sie den Mann fänden, der da wäre, wie er sein soll und – doch leider keiner mehr ist.

Darf ich daher der Lästerzunge Glauben beimessen, welche ehedem so indiskret war, unsere guten Place-de-Repos-Damen als Erfinderinnen einer so schändlichen Statue verschreien, die du, um keine leeren Kirchenstühle mehr zu sehen, nur hier in Leipzig in die Gotteshäuser setzen dürftest, um Jungfrauen und Weiber in Scharen zu versammeln, über die aber auch vielleicht jede Nicht-Leipzigerin schamrot werden würde?

Ähnlichen und fast gleichen Geschmack findest du auch in den Gemälden des Saales. Die wollüstigsten Darstellungen wechseln mit den niedrigsten, nur für Verworfene etwa noch Reiz habenden Schweinereien. In der Tat: der Maler muß sie ganz eigentlich für ein ›Place de Repos‹ bestimmt haben; seine Mühe, glaube ich, würde ihm sonst kaum zur Hälfte bezahlt worden sein. Tugend und Scham wenden errötend ihr verabscheuendes Auge von diesen üppigen Gruppen der viehischen Wollust hinweg, und nur etwa ein Leipziger Mädchen kann stundenlang davortreten und ihr Herz vergiften, das ohnehin schon halb verpestet ist.

Und ein Mann kann seine Frau zu solchen Bildern der Unzucht hinführen – ihre Triebe, ihr Auge lüstern machen und so vollends jeden noch glimmenden Funken der ehelichen Treue in ihrem Herzen ersticken.

Ein Vater kann seine noch unschuldige Tochter sorglos einem Platze anvertrauen, wo Greuel- und Schandszenen des Mädchens Phantasie erhitzen und wo der geile Wollüstling, diesen Augenblick des Taumels und der süßen Verlorenheit nutzend, sie früher noch zum Sturze führt, sie früher noch an Leib und Seele vergiftet und früher noch eine kaum knospende Rose entblättert.

Pfui der Schande für Männer und Väter! Pfui der Gewissenlosigkeit für Mütter und Erzieherinnen! Pfui des Scheusals und der Verdorbenheit des Leipziger vornehmern Auswurfs! Ich möchte weinen; und wahrlich eine mitleidsvolle Träne zittert in meinem Auge, sooft ich vorübergehen muß vor diesem Orte der Üppigkeit, der Wollust, der Unzucht und – der Verführung.

›Ergo vivamus, dum licet esse bene‹, sind die letzten vortrefflichen Worte der Überschrift über diesem Gebäude des Lasters; und jammerschade, daß sie hier so schrecklich, so abscheulich entweiht werden. Verdient wohl der Ort ›Sitz der Ruhe‹ (Place de Repos) genannt zu werden, wo ein Asyl für Verbrechen jeder Art, jeder Gattung, jeden Grades, jeder Stufe ist? Sollte man daher sich nicht im Innersten schämen, Männer dahin zu führen, die solche Vergnügungen, wie sie hier im Gange sind, verachten – verabscheuen? Sollte man nicht lieber seine Schande in ewige Nacht und Dunkelheit vergraben, statt daß man sich nicht entblödet, sie Männern aufzudecken, die die Stunde verfluchen möchten, in der sie eine Menschheit erblickten, vor der man erbebt, – ach, eine Menschheit, die wohl noch nie so tief gefallen war?

O verewigter Wedag! Auch du sahst diese Greuel; auch dir zeigten sich jene Gesunkenen in ihrer ganzen Nacktheit und Blöße; dein Herz blutete – dein ganzes besseres Wesen entrüstete sich ob dieser Schande unseres Jahrhunderts; aber du sprachst auch laut, – laut, wie der Edle spricht, wenn er den bessern Menschen unter Meuchelmördern und Dolchspitzen erblickt!

Oh, hättet ihr's doch hören wollen; hättet ihr's doch fühlen können, ihr, die ihr der bessere, der aufgeklärtere Teil Leipzigs sein wollt und doch so ganz unter den verworfensten Pöbel euch verliert. Hättet ihr Wedags strafende Worte gehört, wahrlich, euer Bubenherz hätte zittern müssen, und ihr, verworfene Weiber, wärt vielleicht wieder zur verlassenen Tugend gekehrt.

Doch eben fühle ich, daß man mir für meine heftige De- und Exklamation nur wenig oder sehr schlechten Dank wissen möchte; ich gehe daher desto schneller zu Beschreibungen und Tatsachen über.

Das ›Place de Repos‹ ist im strengsten Sinne kein

öffentlicher Ort, das heißt, für jedermann zugänglich, sondern bloß eine eigne geschlossene Gesellschaft hält daselbst ihre Versammlungen. Die eigentliche Größe und Stärke derselben kann ich so ganz genau nicht mit Gewißheit bestimmen, doch soll sie sich jetzt auf über 200 Mitglieder belaufen.

Die Namen sämtlicher Interessenten, Rädelsführer und Sekretäre, Oberältester und übriger Beisitzer paradieren in einer eigens dazu verfertigten, mit Glas überzogenen Tafel, in nett geschriebener Kanzeleischrift an den Wänden, und wer per vota das Consilium abeundi erhält oder auf dem natürlichen Wege alles Fleisches mit Ehren abgeht, wird vermittelst eines schwarzen Kreuzes markiert – Orden pour le merit hat man hier nicht!

Um nach dem Abgange eines dergleichen Subjekts das Institut durch ein neues wieder vollzählig zu machen und zu komplettieren, wird, wie billig, wahlmäßig verfahren, und derjenige von den zahlreichen Kompetenten, welcher sich genugsam empfohlen hat oder die meisten Freunde unter den ältern Mitgliedern zählt, wird, wäre es auch der bekannteste Schurke, zum Ritter des Ordens geschlagen, sein Eintritt beim nächsten Schmaus solenniter zelebriert, und lediglich von seinem Betragen gegen die Damen hängt es ab, ob man über die neue Wahl sich freuen oder dieselbe nicht vielmehr verwünschen soll.

Bei den Versammlungen steht es jedem Mitgliede frei, einen Gast auf seine Unkosten mit sich zu bringen; doch soll es allemal ein Mann oder ein Weib ›von reinen Sitten und unbescholtenem Wandel‹ sein. Das also, was die Mitglieder an sich selbst so sehr vermissen, soll doch durchaus dem fremden Gaste nicht fehlen! Wie streng!

Meistens erscheinen Herren und Damen an solchen feierlichen Tagen in größter Gala, doch ist bei letztern das ehemalige steife Wesen gänzlich verbannt – man hat sich auf einen äußerst ungenierten Fuß zu setzen gewußt.

Willst du daher recht viel volle oder verwelkte Busen, recht viel gelbe oder weiße Rücken und endlich recht viel fleischige oder dürre Arme sehen, so bemühe dich ja ja um einen Freund, der die Güte hat, dich einmal in das ›Place de Repos‹ mit einzuführen. In der Tat, man glaubt sich in die Zeiten des Adamischen Paradieses versetzt, denn die hier befindlichen Evas würden gern auch noch die wenige lästige Bedeckung ganz vom Leibe werfen, ein leichtes Feigenblatt um ihre Hüften binden und sich verschämt (?) hinter Akaziengebüsche verstecken, wenn nur auch unsere Adams nackend mit dahinterkriechen wollten.

Über nichts aber habe ich mich hier so sehr gewundert als über die sonderbare Freimütigkeit gewisser Damen, die neben ihren fleischigen Schwestern hergehen wie ausgetrocknete Kühnstöcke und die bei aller der traurigen Kenntnis ihrer selbst sich doch sowenig überwinden können, ihre Rudera versteckt zu halten, daß sie sie vielmehr, sich selbst zum

Schimpf und anderen zum Ekel und Hohngelächter, öffentlich zur Schau tragen.

Ich weiß kaum, was ich von der Eitelkeit eines solchen Weibes urteilen soll, die vielleicht ihre Zofe über eine falsch gesteckte Nadel auf der Stelle relegieren möchte und in wesentlichen Haupt- und Kapitalsachen so entsetzlich nachsichtig gegen sich und ihre Fleischesreize ist.

Wohl muß also unter dieser gütigen Nachsicht ein geheimer Grund verborgen liegen: wie sollte man nicht vielleicht auch mit gewissen unverhüllten Reizbarkeiten, wenn sie auch noch so unbedeutend und geringfügig wären, dennoch zuweilen buhlen und erobern können?

Der sinnliche Wollüstling darf ja nur einen nakkenden Hals sehen, so verfallen auch schon seine sämtlichen Organe in ein hitziges Fieber; und wer sticht ihm denn gleich im Augenblicke der Betäubung den Star, damit er die Achselknochen sehe, die so hochstämmig an den Brustblättern seiner Huldin hervorragen?

Auch der verwelkteste Busen wird oft, wenn er enthüllt in gewissen Stunden dem lüsternen Auge sich zeigt, zum Verführer des beständigsten Mannes; haben wir nicht etwa schon der Beispiele genug? Wenn alle, auch die feinsten Versuchungen von uns abglitten und das wollustatmende Weib öffnete endlich die Fülle ihrer Brust – was, was würden wir dann? – Still, still, ich mag gern meine eigene Schwäche verbergen.

Die Sommerszeit über wird das ›Place de Repos‹ in der Regel nicht so zahlreich als im Winter besucht; das macht denn freilich das Wohnen so vieler Mitglieder auf dem Lande sowie auch die häufigen Badereisen; dafür ist aber doch von Ostern bis Michaelis jeden Mittwoch Ball, und die abwesenden Mitglieder werden größtenteils durch mitgebrachte Gäste ergänzt. Man drängt sich zu solchen Feierlichkeiten, und es ist für Lüsterne jedesmal ein sinnliches Fest.

Man kennt unsere jetzigen Tänze, und die Moralisten haben sich über dies neue Sittenverderbnis schon die Kehlen bald heiser geschrien; allein wenn sie die Tanzgreuel sehen sollten, welche hier dem forschenden oder wahrlich auch selbst dem schon halb schlaftrunkenen Auge sich darbieten, bei Gott, sie würden mit den Füßen stampfen. Man setzt sich zur Tafel, und jeder Chapeau unterhält seine Dame; oft aber plappert er nur mechanisch mit dem Munde, weil es nun einmal die Sitte erheischt, und seine funkelnden Augen sprühen indes vielleicht auf eine gegenübersitzende, die schon seine Winke versteht und durch schmelzende Gegenblicke ihm nicht alle Hoffnung zu baldigem Genuß hoher Freuden benimmt. Die Tafel ist beendigt, und bald darauf beginnt von neuem der wirbelnde Tanz. Das erhitzte Blut strömt wild durch die strotzenden Adern hindurch; ein Händedruck, im Vorbeigehen gegeben, entdeckt die beiderseitigen verborgenen Wünsche; ein Blick auf eins der an den Wänden hangenden, üppigen, wollüstigen Gemälde treibt die ganze Fülle der erwachenden Begierden wirbelnd empor – man verschwindet, so verstohlen, als es Zeit und Umstände nur immer erlauben, und im nächsten Gebüsch beginnt der Kampf der lechzenden Wollust.

Man dankt hierauf einander für gegenseitige Liebe; ist die Dame mit dem Exerzitium zufrieden gewesen, so macht sie Hoffnung zu baldiger süßer Wiederholung, und so schlüpft man denn so unbefangen und schuldlos wieder zum Saale hinein, als man vor einigen Augenblicken herausging. Und gesetzt auch, es würde ein solches stilles Vergnügen von einem oder dem andern bemerkt, so ist man hier wahrlich nicht grausam genug, einander in so süßen Arbeiten zu unterbrechen oder zu stören. Man weiß ja auch überdem nicht im voraus, ob man nicht selbst vielleicht einmal in ähnliche Fälle gerät, und dann kann man doch wieder auf Gegenerkenntlichkeit rechnen. Wie oft liegen hier zwei Vettern mit ihren Muhmen im Grase und stecken indes den Trauring in die Rocktaschen.

Freilich ist wohl auch zuweilen einer indiskret genug und läßt sich, wie vor einigen Jahren geschah, seine Entdeckungen sehr teuer bezahlen; allein was schadet das?

Ein gewisser Herr, den ich aus Achtung N. N. nennen will, hatte nämlich bei Gelegenheit eines solchen Balles schon über Tische sein scharfes Augenmerk auf ein Liebespärchen gerichtet, das wohl bereits etwas weiter als zu bloßen Schmeicheleien vorgeschritten sein und sich nicht von heute her erst kennen mochte. Herr N. N. ließ seine Leutchen nicht aus den Augen, und wie er vermutet hatte, so geschah es: sie verschwanden nach aufgehobener Tafel so schnell und unvermerkt, daß es nur ihm allein nicht entging. Ihnen nacheilen und sich dabei so behutsam als möglich benehmen war das Werk eines Augenblicks.

Die beiden Begeisterten hatten weder Augen noch Gehör, und ihre Triebe mußten zu sehr, zu heftig wirbeln, daß sie denn den ersten besten Ort zu ihrem süßen Kampfe erwählten und zu des Herrn N. N. größtem Staunen sich endlich gar in ein nahestehendes Cloakhäuschen verkrochen.

N. N., kaum imstande, sich des Lachens zu entwehren, schlich ihnen nach und legte sein lauschendes Ohr an die Tür des duftenden Zimmers. Viel war zwar von Ächzen und Rütteln, desto weniger aber von lauten Tönen zu vernehmen, man war zu sehr in sich und seine Gefühle verloren.

Jetzt war der Aktus vollendet, und ein herzhafter Kuß besiegelte das Bündnis der Liebe. Der Adonis verließ zuerst seinen schmutzigen Kampfplatz, aber Himmel, wie bebte sein ganzes ermattetes Wesen zusammen, als er vor der Türe seinen Freund erblickte! Allein zu seinem Ruhme sei's gesagt: er wußte sich in Fassung zu halten.

»Höre, Freundchen«, sprach er ganz unbefangen zu Herrn N. N., »du kommst mir wahrlich wie gerufen, ach laß dir doch« – und hiermit faßte er diesen recht herzlich am Arm, wollte einen Seitenweg einschlagen und war vielleicht im Geiste schon herzlich froh, sich so mit guter Manier aus der Affäre gezogen zu haben.

Allein Herr N. N. wollte den Vogel nicht aus dem Garne lassen, wand seinen Arm gemächlich hervor, machte eine artige Verbeugung: »Bald sehen wir uns wieder«, sprach er. »Adio indes!« Der arme Teufel sperrte das Maul auf; Herr N. N. sprang mit einem derben Satze zur Häuschentüre hinein; die Dame hatte schon den ganzen Auftritt in voller Angst von innen gehört; Herr N. N. zog daher ohne alle weitere Umstände seine Empfehlungen hervor, und – das gute Weib ließ sich's gefallen!!!

War das nicht ein drolliges Stückchen, lieber Baron? Oh, und dergleichen Dinge sind hier, nur mit einigen kleinen Abweichungen etwa, gar nichts Seltenes. Wie, du kannst dich noch immer nicht von deinem Staunen erholen! Hahaha! So muß ich dich wohl gleich mit einer noch tollern Geschichte regalieren. Die beiden Helden derselben, wenigstens den männlichen, will ich soviel als möglich maskieren – er ist ja mein Freund; die Dame aber ist schon in der Rubrik der ›gutwilligen Kinder‹ als Ehrenmitglied aufgeführt worden, und wer sie daselbst überlesen haben sollte, denke nur an die Raschwitzer Wachslichter. Doch zur Sache.

Es war gerade die Jahrszeit, in der auch die gleichgültigsten Herzen seufzen, – wo, ich weiß nicht welch ein wollüstiger Duft, auf den Flügeln der

Zephire herbeigeleitet, die Herzen zur Zärtlichkeit geneigt macht und allen Wesen unnennbare Sympathie einflößt, als eben im ›Place de Repos‹ Ball war und die bekannte Dame durch ein glückliches Ohngefähr bei Tische zu ihrer Unterhaltung einen stark berittnen Rechtsgelehrten an die Seite erhielt.

Die Dame wurde bald lebhafter von den Geistern des Weines, die Unterhaltung interessanter, und eine gewisse Sympathie bemeisterte sich auf einmal so stark der weiblichen Finger, daß sie sich endlich in einen Kreuzweg verloren und plötzlich an einem starken Widerstands-Objekte haltmachten! Es war der kleine Amor in Ismenens weicher Hand!

»O teurer – Dokter – laß – uns – lieben, ich – ergebe – mich – dir«, sprach die schon ganz in Feuer und Flammen geratene Chloe, und der junge Mann drückte in dem Augenblick, als die Tafeletikette sich endigte, seiner Begeisterten zärtlich die Hand. »Ja, laß uns lieben«, sprach er und verschwand mit der schmelzenden Schönen in ein nahes Gebüsch.

Allein der stramme Reiter glaubte heute auf seinem mutigen Engländer zu sitzen, gab daher dem armen Kinde die Schenkel, und da es ihr endlich zu arg ward, begann sie in kläglichem Ächzen die merkwürdigen Worte: »Ei! du mein Heiland, haben Sie nicht heute einen dicken« – dann ergoß sich ihre überströmende Fülle.

Glaubst du wohl, lieber Baron, daß ich Wahrheiten schreibe? Abenteuerlich und sonderbar genug mag es dir vorkommen, das will ich gern zugeben;

allein ich bürge mit Ehre und Leben für die Echtheit beider Geschichten, und zum Ganzen fehlt bloß die Namhaftmachung der agierenden Personen. Läge es nicht zu weit außer dem Gesichtskreis gegenwärtiger Briefe, oh, so könnte ich dir bei dieser Gelegenheit Dinge aufdecken, über die die halbe Welt erstaunen sollte. Mit einem Worte: toller, schrecklicher und abscheulicher kann es wahrlich selbst in dem niedrigsten Bordell kaum hergehen als hier in diesem Plätzchen der Ruhe unter dem vornehmern Pöbel. Man staunt und wundert sich, wie der gebildetere Teil Leipzigs ungeahndet sich Schandgreuel erlaubt, die man, von weniger Vornehmen verübt, mit Gefängnis- oder Zuchthausstrafe rügen würde. Hierher, ihr Edlen des Rats, schickt eure Häscher, statt daß ihr sie umsonst im Rosentale suchen laßt.

Allein nirgends mag auch wohl die Lage des Orts mehr dergleichen buhlerische Auftritte begünstigen als die dermalige Einrichtung im ›Place de Repos‹. Der eigentliche zum Gebäude gehörige Garten ist zwar für sich ganz unbedeutend und klein und nur höchstens etwa für drei Lagerstätten geräumig; allein der Besitzer wußte sehr meisterhaft diesem wesentlichen Bedürfnisse abzuhelfen und ließ, da der daranstoßende größere Garten gleichfalls sein Eigentum ist, eine Brücke hinüberschlagen, die denn sehr bequem aus dem ›Place de Repos‹ in das sogenannte Casino führt. Wer also Beklemmungen fühlt, kann sich mit leichter Mühe hier hüben derselben entledigen, und damit man nicht etwa an den Knien die grünen Grasflecken bemerkte, so ist auch für bequeme Plätzchen und Lager gesorgt. Die Partien durchkreuzen sich, und ohne Mühe kann einer dem andern entgehen. Von den Bäumen herab singt eine liebliche Nachtigall zu dem Gestöhne der ächzenden Liebe, und ein lustiger Zephir pfeift im Blättergelispel die eheliche Treue zu Grabe.

In ebendiesem Garten wurde auch vor einigen Jahren ein frommer Jude durch Dolchstiche – und nach ihm die Tugend so manches bisher treuen Weibes durch List und Überredung ermordet. Das Verbrechen ist nicht groß genug und wird daher überdem noch mit Küssen belohnt, statt daß man die Inculpaten mit Knuten geißeln sollte. Doch was helfen solche Vorschläge, sie werden doch nie realisiert werden; und was soll ich mich überhaupt noch länger bei einem Orte der Schande und des Lasters verweilen? Ich schreite daher zu der jedesmaligen Charakteristik des Wirts.

Herr Richter, der ehemalige Besitzer eines durch ganz Deutschland rühmlichst bekannten Kaffeehauses, war auch Errichter des soeben geschilderten ›Place de Repos‹ und Eigentümer des daranstoßenden sogenannten Casino. Sein Vater hatte sich am Kaffeehause arm gebaut und hinterließ daher dem Sohne traurige Aussichten und Schulden. Allein Richter als ein raffinierender Kopf unternahm es, durch Klugheit und Spekulation sich aus diesen Labyrinthen zu winden, brachte bald sein Kaffeehaus in eine seltene Aufnahme, und seine Kasse erhielt wieder Kräfte. Allein er mochte doch wohl einige Zeit hernach gewahr werden, daß eine fernere Betreibung dieser Wirtschaft ihn auf keinen grünen Zweig bringen könne; er verkaufte daher das Kaffeehaus und schränkte sich lediglich auf sein ›Place de Repos‹ und ›Casino‹ ein.

Hierbei unterstützte ihn denn nun der Baron Fister aus Vorliebe zu Richters artiger Frau mit aller tätigen Hilfe, und ebendieser war es auch, der Richtern das nötige Kapital zur Errichtung des ›Place de Repos‹ vorschoß. Bei solchen Gläubigern kann man ohne Sorgen schlafen, und nie wird wohl Fister seinen Vorschuß zurückverlangen, wenigstens solange nicht, als Richters Gattin lebt.

Doch auch das ›Place de Repos‹ ist seit einiger Zeit an einen andern verkauft, und Richter scheint den Vorsatz gefaßt zu haben, seine letzten Tage in Ruhe und geräuschloser Stille zu verleben. Richter war von jeher ein Freund der Ordnung, und nur die niedre Tadelsucht mag seine Ehre verunglimpfen.

Der jetzige Besitzer des ›Place de Repos‹, Hr. Müller (seines Herkommens ein Kohlgärtnerjunge), scheint Richters Stelle durchaus nicht zu ersetzen. Es fehlt ihm an Gewandtheit, feiner Lebensart, an Kopf, an Erfindungsgeiste – kurz an allem! Plump sind seine Sitten wie seine körperliche Fleischmasse, und an Haltbarkeit und Geradheit mögen sie einander nichts nachgeben.

Man spricht daher von einer völligen Veränderung der Gesellschaft, die noch dazu sehr bald erfolgen soll. Allein wohin verlegen? Nur wieder hübsch nahe ans Wasser, sonst appellieren unsere Damen mit Händen und Füßen!

Ich schließe hiermit gegenwärtigen Brief und empfehle mich deinem ferneren Wohlwollen und Andenken.

v. N. N.

Achtzehnter Brief

Aus deinem gütigen Schreiben habe ich denn zu meinem größten Vergnügen ersehen, daß mein voriger Brief, weit entfernt, dir nur eine Minute Langeweile zu machen, vielmehr ein so herzhaftes Lachen aus deinem ganzen Wesen hervorgelockt habe, daß du dich noch jetzt bei dem bloßen Gedanken daran, wie man zu sagen pflegt, fast ausschütten möchtest. Allein den letzten Punkt deines Verlangens betreffend, so gestehe ich dir unverhohlen, du hast mir damit einen gewaltigen Strich durch die Rechnung gemacht. Der Schluß oder, wenn ich so sagen darf, die Schlußbitte deines Briefes: ›Wenn dir meine Freundschaft wirklich so teuer ist, als du mir immer versicherst, oh, so bitte ich bei diesem Gefühle, beschenke mich, sobald nur möglich, mit Orten ähnlicher Art, und daß es dir daran ermangeln sollte, wage ich nicht einmal entfernt zu vermuten‹ – setzt mich, da ich die Heftigkeit deiner Wünsche schon kenne, in eine mehr als unangenehme Verlegenheit.

Diesmal, lieber Baron, hast du dich in deinen Vermutungen geirrt, und ich gestehe dir unverhohlen, daß ich vergebens nach einem Plätzchen spüren werde, wo so viel seltene und sonderbare Dinge auszuwittern wären, als die waren, welche meinen vorigen Brief füllten. Freuest du dich nicht mit mir über ein so schönes, für einen großen Teil Leipzigs so ehrenvolles Geständnis?

Hiermit will ich denn nun aber durchaus nicht verstanden wissen, als solltest du ganz an dem weitern Verfolge amüsanter, unterhaltender Nachrichten verzweifeln; o nein, du wirst, soweit es der Raum gegenwärtiger Blätter erlaubt, noch so manches scharmante Histörchen und noch so viel artige Lieferungen komischer Dinge in die Hände erhalten, daß ich im voraus überzeugt bin, du werdest die Schilderungen des vorigen Briefes gänzlich darüber vergessen.

Doch ich eile zum Zweck; und da du einmal an Gartenvergnügungen, wie mich dünkt, Behagen zu finden scheinst, so will ich denn auch unverzüglich diejenigen Gärten der Reihe nach mustern, welche als öffentliche (denn die Privatgärten liegen nicht in meinem Plane) betrachtet werden können.

Unter diesen bietet sich mir nun vor allen andern der sogenannte groß Bosische dar. Er war ehedem einer der schönsten, sehenswertesten Privatgärten Leipzigs, und in botanischer Hinsicht übertraf er die Erwartungen des Kenners. Daß er aber jetzt nur in seinen Ruinen noch sichtbar ist und Krautstauden die botanischen Pflanzen verdrängt haben, glaube ich nicht erst versichern zu dürfen; die Ursachen hierzu wirst du weiter unten ersehen.

Der hintere Teil dieses Gartens ist vor der Hand die Sommerszeit über an einen Kaffeeschenken verpachtet, doch steht es jedermann frei, auch den ganzen übrigen Garten zu durchwandeln; und so ungern auch oft die lieben Familien dies sehen mögen, welche ihrer Gesundheit (?) halber hier wohnen, so sind sie doch mit den affrösesten Grimassen nicht imstande, es zu verhindern. Der D. Platner allein noch öffnet zuweilen gefällig seine Tür und fühlt sich geschmeichelt (wie denn der ganze Mann ein großer Liebhaber von Schmeicheleien ist), wenn sich an seinem Gehöfte eine Rotte junger Musensöhne versammelt und ehrerbietig dem sanften Klavierspiele seiner literärischen Tochter lauscht.

Dienstags und sonnabends wird hier jedesmal von den Hautboisten des hiesigen Regiments ein sogenanntes Konzert gegeben, und jeder Eingehende muß dabei vor allen Dingen in eine blecherne Büchse steuern, ehe und bevor er an solchen Tagen den gewünschten Eintritt erhält; die Wache steht mit aufgepflanztem Bajonett an dem Eingang, und das ganze gewinnt dadurch ein veritabel militärisches Aussehen.

Ob und inwieweit eine solche Verfügung die Billigkeit und die schuldige Achtung für das ganze Publikum beleidige und ob es sich zieme, mit soldatischer Allgewalt dergleichen freiwillige Gaben (welches denn das Geschenk aufs Notenblatt doch wohl immer bleibt) zu erpressen, wage ich nicht zu bestimmen.

Doch dem freien Mann muß es notwendig auffallen, bloß an einem einzigen Orte Zwangsmittel zu sehen, indes an keinem der übrigen hiesigen öffentlichen Gärten ein Häscherkommando steht und jedem ein donnerndes »Halt!« zuruft, der nicht sogleich die Hände in der Tasche hat. Die Musiker an andern Orten wollen doch ebenfalls nicht umsonst arbeiten, und sie müssen hoffentlich, auch ohne Wachen, ebensowenig zu kurz kommen. Würden sie sonst nicht längst schon auf ähnliche Gedanken gefallen sein?

So nachsichtig das hiesige Militär gegen und unter sich selbst ist, so streng wollen sie doch mit anderen verfahren, und die Oberoffiziere können dergleichen beleidigende und unanständige Einrichtungen sich leicht gefallen lassen, da sie, wie bekannt – frei ausgehn.

Wer sich überhaupt die Mühe geben wollte, das hiesige Regiment nach gebührender Strenge zu mustern, könnte leicht mit dem subordinationswidrigen Benehmen und mit den mehr als unmilitärischen Verhältnissen, in welchen hier die untern gegen ihre Chefs und diese wieder gegen letztere stehen, ein ganzes Alphabet ausfüllen. Doch wer wüßte nicht, daß auch ebendies Regiment unter denen der ganzen sächsischen Armee mit Recht als das liederlichste und schlechteste verschrien ist? Die Ursachen seines üblen Zustandes liegen am Tage.

Übrigens ist die Musik, die man hier hört, durchaus nicht unter die gewöhnliche Konzertleierei zu rechnen, und der Grund, daß sie dies nicht ist, mag wohl hauptsächlich in der Gegenwart der Offiziere aufzusuchen sein, welche, wie schon erwähnt worden, gern dahin gehen, wo es ihnen nichts kostet, und daher auch diesen Garten in den Konzerttagen mit ihrer jedesmaligen Anwesenheit beehren.

Aus Achtung für ihre Portepees hat ihnen der Wirt ein eignes (?) Zelt erbaut, unter welchen sie, Erdengöttern gleich, dasitzen und im Hochgefühl ihrer Uniform auf die lächerlichste Art um sich her das bürgerliche Zivilgesindel mustern.

Außer Bosens Garten (wohl zu merken!) spielt aber auch der Offizier in Leipzig eine gar unbedeutende, erbärmliche Rolle; kaum daß man ihn über die Achsel ansieht, so wünscht auch keine Familie seinen Zutritt. Sie sind daher in ihrem Gott vergnügt, wenn sich ein reputierlicher Mann die Mühe gibt, von ihrer Gesellschaft zu sein, und dem wissen sie es tausend Dank, der an öffentlichen Orten sich neben sie setzt und dadurch verhindert, daß sie keine tödliche Langeweile haben oder, wie so oft, beim bloßen Gaffen es bewenden lassen müssen.

Allein hier an den Konzerttagen ändern sie ganz auffallend Miene und Rolle, gehen einher mit gravitätischem Schritte, gleich als wären sie auf der Wachparade zum Richten; schnallen ihre Degen herunter bis auf die Lenden, tragen sie, der Kavallerie nachäffend, brüstend in den Händen; erwarten von jedermann Begrüßungen, die ihnen aber leider nicht werden, sehen deshalb auch alle Menschen mit großen Augen an und dulden endlich in diesen merkwürdigen Stunden nur höchstens solche Leute in ihrem Zirkel, welche, wie e.g. der Helmwirt Beck, die saubern Herrn zuweilen trösten müssen, wenn etwa der Herr Lieutenant, wie das nicht selten der Fall ist, durch seinen Stubenheizer die halbe Garderobe haben forttragen lassen und zum Unglück morgen auf die Wache ziehen müssen; oder auch, wenn sie nach eingenommenem Frühstück oder aufgehobener Tafel ihre Zeche bezahlen sollen und doch kaum vielleicht wissen, wo sie die acht Groschen für den herunterleuchtenden Bedienten hernehmen sollen. Dann heißt es freilich immer: »Mein liebes Beckchen hinten, mein liebes Beckchen vorne.« Das liebe Beckchen läßt sich's vielleicht auch ein Weilchen gefallen, meldet sich aber, wenn ihm die Nachsicht lange genug gedauert zu haben scheint, beim Regimentsquartiermeister und läßt seine Forderung dem jungen Herrn an der monatlichen Gage abziehen.

Dafür genießt denn aber auch Beck die Liebe aller Offiziere des Regiments, hat ihre Gunst wie ihr ungeteiltes Zutraun (ob ihm viel daran gelegen sein mag?), ist dabei unter Helden (?) ein Held geworden, lebt überall auf einem echt militärischen Fuß (soll sogar seine Interims-Damen soldatisch behandeln), marschiert mit dem Regimente en Parade zur Beichte und Kommunion und sitzt auch in Bosens Garten unter ihnen wie ein Zar unter seinen Vasallen.

Becks holdes Antlitz glüht wie eine reife Herzkirsche, und in seinen kleinen funkelnden Kalmuckenaugen spiegelt sich die abgezehrte Heldenwange des welken Herrn Lieutenants.

Beck lacht über die betrogenen Toren, sieht sehr oft ihre Blöße bis aufs Hemde, hat aber immer aus Vorsicht einen Obristen oder Major auf seiner Seite und prellt dann die übrigen Schlucker nach eignem Gefallen.

Die Offiziersdamen nehmen hier ebenfalls ein besonderes Air an, obgleich so manche von ihnen, der vorigen und jetzigen Zeit eingedenk, wie eine arme Sünderin dasitzen, einen Aschenkittel umhängen und ihr beschämtes Aug zur Erde heften sollte. Doch die Ehre, einen Portepee-Helden an der Seite zu haben, vertilgt alle vorige Flecken, macht dreust und gibt Kühnheit, sich ohne Scheu unter rechtlichen Menschen zu brüsten. Stammbäume haben freilich die wenigsten derselben, dafür aber bringt die eine ihrem Manne Hopfen und Malz, die andere vielleicht zur Mitgift fabrizierte Tabaksblätter zu, und wahrlich, beide Artikel sind mir immer noch angenehmer als ›aufsteigende Linien‹ ohne Geld. Adelige Damen ohne adeliges Vermögen sind dem hiesigen Offiziere nichts nütze, er führt daher weit lieber eine bürgerliche ins eheliche Bette, welche ihm goldnen Trost für Gegenwart und Zukunft reicht.

Jedes Mädchen in Leipzig, welches 6000 Taler besitzt, kann daher auf den Besitz eines Offiziers keck Rechnung machen; sie darf nur von fernher diesen Wunsch äußern, und sie ist vertan, ehe sie es noch ahndet. Freilich machen die verdammten Kaufleute zuweilen einen gar fatalen Strich durch dergleichen Rechnungen, und dann bleibt leider dem Herrn

Lieutenant nichts übrig, als weiterzugehen oder seine Gläubiger auf die baldige Niederkunft mit einer Kompanie zu vertrösten. Viele dieser leidig Getrösteten kommen denn nun hierher in Bosens Garten, gehen um ihre Schwangern herum wie eine Kindmutter um dicke Weiber – möchten freilich, um der Überzeugung halber, oft so gern nach der bald zu hoffenden Kompanie wie jene nach dem Kinde fühlen, und kommt denn endlich nach langem Harren der Kirchenzettel (Avancement) von Dresden herunter, und der Betrogene hat noch hastig nach dem Taufnamen gesehen, so findet er zu seinem Schrecken statt des gehofften Inhabers einer gnädigst konferierten Kompanie am Ende doch wohl nur erst höchstens einen Stabskapitän. Impertinent zu mahnen ist verboten, zu was nützt es auch? Höchstens würde es dazu dienen, daß er endlich gar nichts erhielte. In der Tat, für den unbefangenen Zuschauer sehr lächerliche Auftritte! Doch ich verliere mich zu weit vom beabsichtigten Zwecke und will daher vor meine Ergießungen einen Damm werfen.

Für das übrige Publikum nun sind hier ebenfalls Zelte errichtet, und wer keinen Platz mehr findet, setzt sich auf hölzerne Bänke unter die Bäume. Das Konzert erhebt sich von einem erhabenen Altan herab und verbreitet seine Töne durch den ganzen Garten hindurch.

Die Damen, und unter ihnen die vornehmsten nicht ausgenommen, besehen einander die Röcke oder den Kopfputz; eine königliche Hure regaliert ihren Ehemann, wenn er bei seiner Ankunft nicht gleich das nette Patschchen küßt, mit einer französischen Grobheit; die Herren unterhalten sich von Wetter oder politischen Neuigkeiten, und die junge Welt beiderlei Geschlechts streicht in den schattigten Gängen umher und macht auf Minnespiel und Eroberung Jagd. Das ist denn hier so der gangbare Ton!

Die Bedienung mit Speisen und Getränken ist so eingerichtet, daß man für vieles Geld nur äußerst wenig erhält, sich daher durchaus den Magen nicht überschüttet, oft hungrig wieder von dannen geht und alles auf die freie Luft rechnen muß.

Die Speisenden gehen in die Stuben eines alten morschen Gebäudes, wo zwar kein an einer Haare über ihnen hangendes Schwert, desto schrecklicher aber wurmstichige Balken und gesenkte Decken sie an die Bitterkeiten des menschlichen Lebens erinnern. Unter Furcht und Zagen wird jeder Bissen verschlungen, und kaum ist vielleicht der letzte hinunter, so knackt's in dem morschen Sparrwerke, oder ein gefräßiger Holzwurm wirft sein Tagwerk auf den Teller.

Wer mag gern unter hangenden Klippen eine Tafel aufschlagen?

Der sorgfältigere Mann speiset also im Freien, bezahlt für warmes Essen, hat aber bei Lichte besehen nur kaltes oder doch wenigstens nur halbwarmes!

Allein in Leipzig ist nun einmal ohne Essen und Trinken kein Vergnügen vollkommen, und so bleibt man denn auch hier, selbst mit Gefahr seines Lebens, dieser lieblichen Methode treu.

Übrigens ist dies Gartenvergnügen auch in jeder andern Rücksicht für den vernünftigen Mann auf keine Weise zu empfehlen. Der Garten, und namentlich derjenige Bezirk, worin sich die Gesellschaft beschränkt sieht, liegt äußerst tief, der Regen bleibt wochenlang stehen, die Luft ist dadurch immer von feuchten Dünsten geschwängert, und naht sich vollends der Abend, so glaubt man wahrlich in einem Keller oder in einer Eisgrube zu sitzen, so feucht und naßkalt ist dann hier die Atmosphäre.

Noch weniger ratsam aber ist es für den bescheidenen Mann, länger als bis abends acht Uhr zu verweilen – er läuft sonst wirklich Gefahr, an jeder Ecke und an jedem Baume Greuel – und Schandszenen zu sehen.

Mit dem heranrückenden Dunkel rücken auch die Freunde und Freundinnen der Dunkelheit in Scharen heran, und in den Winkeln hört man dann ein unaufhörliches Ächzen. Es gehört hier gleichsam zur Feier des Tages, daß man seine Vergnügungen mit Szenen der Wollust beschließt, und mancher Galanthomme verliert sich daher mit der schmutzigsten Nymphe in die Schatten des Busches. An bequemen Lagern und Plätzen fehlt es zum Unglück hier nicht, denn der ganze Garten ist voll der verstecktesten Schlupfwinkel. Mit strenger Aufsicht darf sich der Wirt, sosehr er es vielleicht wünschte, durchaus nicht befassen, er würde sonst manchen vornehmen Gast weniger haben.

Auch Damen der gebildeteren Welt suchen sich hier zuweilen eine erschütternde Anleitung zu besserer Verdauung, und so wird nach Tisch der Konzert-Garten ein Asyl der Hurerei.

Käme das ganze verfallene Gerümpel an einen andern Besitzer, der die öffentliche Wirtschaft verbannte, Leipzig würde wahrlich in jeder Hinsicht nur sehr wenig verlieren!

Jetzt ist dieser Garten im Besitz einer Dame, bei der man fürwahr die subtilere Ökonomie aus dem Grunde zu lernen vermag, und hätte die Holde in den Tagen des seeligen Ovidius gelebt, so sollte ich glauben, er habe sie zum Muster seines Geizigen genommen. Der schmutzigste Filz kann in jeder Hinsicht kaum niederträchtiger sich äußern als die Frau D. Bosin, das Nonplusultra aller Wucherraffinerien.

Wer könnte außer ihr einem in seinem Hause wohnenden Edelmann das Holz stehlen und gelassen eine derbe Tracht Prügel und die Ehrentitel einer Spitzbübin, einer Diebin ertragen?

Wer könnte außer ihr von armen Handwerkern für geliehene Posten zwanzig Prozent nehmen?

Wer könnte außer ihr in allen Auktionen herumkriechen, alte Schuhe, alte Röcke, alte Schnallen erstehen und sie dann auf der Stelle wieder mit einigen Dreiern Profit verkaufen oder sich selbst mit diesen Kleinodien schmücken?

Wer könnte außer ihr sein Gesinde halb verhungern lassen oder tagtäglich ihre Mägen mit Kleistersuppen vertünchen?

Wer könnte außer ihr die ungerechtesten Prozesse verhängen und dennoch am Ende den Anwalt um sein mäßiges Liquidum prellen?

Wer könnte außer ihr arme Bauernweiber bis aufs Blut schinden? Wer außer ihr an Sandwagen treten, Sandproben in Schnupftücher einpacken und dann schmunzelnd ob der gelungenen Betrügerei an kein Kaufen gedenken?

Doch wenn würde ich mit allen den elenden Kniffen zustande kommen, in denen sich diese Dame gleichsam erschöpft – vielleicht zwei Groschen rettet und für hundert Taler Schande auf sich häuft?

Ihr zweites Ich, der ganze Abdruck ihrer Seele, ist denn auch ihre schon schwer betagte Jungfer Tochter. Sie hat alle die erhabenen Eigenschaften ihrer liebenswürdigen Mutter ererbt und verspricht wirklich an schmutzigem Geiz sie einst noch zu übertreffen. Schon gaben sich mancherlei bedrängte Abenteurer viel Mühe, die finnige Schöne aus ihrem Jungferwagen auszuspannen; allein die Herren müssen samt und sonders im Verhöre die Probe nicht bestanden haben, denn noch ist sie die unverletzte Tugend selbst, und kein Sterblicher hienieden wagt es mehr, diese verwünschte Prinzessin zu heben. Graues Haar deckt längst schon ihren spitzigen Scheitel, und Mutter und Tochter gehen stets nebeneinander wie Harpax und Xanthippe.

Geängstigte Edelleute finden in dem Haus der D. Bosin Trost und Beruhigung, sobald sie mit Zertifikaten erweisen, daß sie ansässig sind, daß noch keine

Schuld sub hypotheca hafte, und sobald sie sich endlich bequemen, dreißig Prozent im voraus abziehen zu lassen, und überdem noch die aufgehaltene Tatze der teuren Tochter füllen, weil sie so gütig war und die liebe Mama beredete, auf Wechsel zu borgen.

Wer wundert sich bei so bewandten Umständen noch, daß die Bosin die Bäume ihres Gartens verwildern, die Terrassen verfallen und die Wohngebäude zusammenstürzen läßt? Wer wundert sich, daß ein schönes botanisches Gefilde in einen Gemüseplatz verwandelt worden ist?

Gnade Gott dem ehrlichen Manne, der dieses Grundstück pachtet; lieber will ich doch noch (und wer weiß nicht, wieviel ich da wage?) mit dem Bauernschinder Vockerodt, als mit diesem Drachen von Weibe etwas zu tun haben.

Die wenigen Pächter haben auch bis jetzt ihren Kontrakt prolongiert, und geschah es ja, so entstanden dennoch gemeiniglich am Ende Prozesse.

Den Pachter der Kaffeewirtschaft wollte die gütige Dame ebenfalls vor einigen Jahren in seinem ohnehin schon hohen Pachte übersetzen; allein da dieser zu nichts weiter sich verstand und förmlich aufkündigte, kam endlich die Frau Doktorin selbst zu ihm ins Haus und bat nur um eine kleine Zulage von fünf Talern.

Ein Weib von mehr denn 200 000 Talern kann so niederträchtig handeln?

Man trug sich vor einiger Zeit mit der Sage, als habe der Leipziger Rat um diesen Garten gehandelt;

allein es mag entweder an dem ganzen Gerüchte schon von Haus aus wenig Wahres gewesen sein, oder die Frau D. Bosin hat bei ihrer Forderung zu sehr auf die vornehmen Käufer gesehen, ihre vollen Säckel vor Augen gehabt und ebendadurch vielleicht jeden Versuch zu einer fernerweiten Unterhandlung gestört, denn jetzt wird kaum dieser Neuigkeit noch im Vorbeigehen gedacht.

Ich breche hier ab und werde in meinem nächsten Briefe den Jägerischen Kaffeegarten beleuchten. Bis dahin denke deines

v. N. N.

Neunzehnter Brief

Der Jägerische Kaffeegarten liegt unter allen Leipziger Gärten am verstecktesten, und man ist genötiget, eine der schmutzigsten Gassen zu passieren, ehe man das Glück hat, in dieses verborgene Gaunerplätzchen zu dringen. Zwar ist er an Größe bei weitem nicht mit dem Bosischen zu vergleichen, allein er gewährt dennoch dem Gartenliebhaber viel mehr Vergnügen. Obgleich ein Fluß an der einen Seite desselben vorbeifließt, so sieht man doch keine Pfützen und Lachen wie im Bosischen, und da er weit freier ist, so genießt man auch natürlich gesündere Luft. Ich mag ihn betrachten, von welcher Seite ich will, so muß ich am Ende doch immer gestehen, daß er mir unter allen Leipziger Kaffeegärten der beste, vorzüglichste und zum stillen, einsamen Vergnügen der angemessenste scheint. An jedem andern öffentlichen Garten mag der Unparteiische bald mehr, bald weniger vermissen, der Jägerische leistet mir in jeder Hinsicht Genüge.

Wie mag es daher unter so bewandten Umständen wohl kommen, daß er von so wenig honoratioren und vornehmen Leuten besucht wird? Um diese Frage nach Genüge erörtern zu können, muß ich eine etwas umständlichere Geschichtserzählung beginnen.

Ich glaube des Anführens nicht zu bedürfen, daß Jägers Garten bloß den Sommer über dem Besucher offensteht; allein nötiger ist die Erinnerung, daß hier nicht wie im Bosischen zwei, sondern nur ein Konzert gehalten wird. Meistens ist dazu der Donnerstag anberaumt, weil es gerade vielleicht derjenige Tag ist, an welchem außerdem kein anderer Wirt Konzert hält.

Die Musik gehört nicht unter die schlechtere, doch nirgends sind die Künstler so träge. Für den einbrechenden Regen findet man hier gleichfalls leinewandene Schutzdecken, allein an keinem andern Orte habe ich sie so leicht und löcherigt gefunden.

Die Bedienung mit Speisen ist vortrefflicher als irgendwo, und ob man gleich vor Überschüttung sicher ist, so ist doch das wenige, das man empfängt, genießbar, gut zubereitet und wegen der Nähe des Speisesaals jedesmal noch warm und schmackhaft.

Weniger zufrieden bin ich mit den Getränken gewesen: die sogenannte Gose ist hier ebenfalls das Lieblingsbier; allein bei kleinern Bouteillen und horrender Verdünnung ist es überdem im Preise noch höher gesetzt als an andern Orten. Das Braunbier ist oft kaum trinkbar, meistens schal und verspricht im Nachgeschmack viel edlen Rastrum. Der Wein ist gleichfalls kostbar und wie in den Italiener-Kellern meistens verfälscht. Eine gute Sorte Rheinwein, die hier zu haben ist, wird nicht für jedermann gezeigt, und es genießt ihn nur eine gewisse Klasse Menschen des Abends, – oder geschieht es bei Tage, so wird er sorgfältig in die Schattenseite gesetzt.

Allein ich sehe wohl, ich mag mich drehen und wenden, wie und solange ich will; endlich werde ich doch zur Musterung des sich hier versammelnden Personales schreiten müssen: wer würde mir wohl die unterlassene Beantwortung der oben aufgeworfenen Frage verzeihen?

Der erste Anblick, den die Szenen unter den Zeltern und in dem Saale gewähren, macht auf den unbefangenen Fremdling (denn der Einheimische ist dergleichen Dinge schon gewohnter) in der Tat einen traurigen und sonderbaren Eindruck.

Hier sehe ich nicht wie anderwärts Menschen, in trauliche Zirkel vereint, sich gegenseitige Unterhaltung gewähren. Hier sehe ich nicht das freudige Entzücken, das frohe Aufwallen des Herzens, das ungestüme Verlangen der heitern Seele nach gegenseitiger Mitteilung. Hier spiegelt sich kein wonniges Frohgefühl im reinen ungetrübten Auge; hier malt sich nicht die wolkenlose Ruhe auf der freien Stirn; hier thront nicht Freude und Seelenlust auf hochroter Wange; hier formt sich kein Mund zu einem sanften Lächeln des unschuldsvollen Vergnügens. Nur in sich selbst muß hier der Weisere sich zurückziehn – er schmachtet umsonst nach süßer Mitteilung wie nach sanfter Belehrung.

Stier und ängstlich sind hier alle Blicke; das ganze Wesen eine tote Maschine; zuweilen nur von einem erschütternden Schlage durchbebt, scheint sich gleichsam konvulsivisch das ganze Sein dieser Menschen zu erheben, und ihr Auge – wühlt dann in der unglückseligen Karte.

Stumm wie ein Grab ist diese ganze tote Versammlung, kein Laut, kein Ton entschlüpft ihren bangbleichen Lippen. Donner könnten rollen – und sie hören sie nicht; Blitze könnten am Himmel sich schlängeln – sie achten ihrer kaum, denn mehr als alles dies ist ihnen Gewinn oder Verlust eines unseligen Spiels. Die Weiber sitzen neben ihren bangfrohen Männern, und ihr Herz hüpft beim reichen Gewinn oder schlägt ängstlich bei der Gewißheit des erlittenen Verlusts. Die Kinder schleichen umher und werfen einen mitleidigen Blick auf ihre betrogenen Väter; sie rufen – und ihre Stimme verhallt in dem tosenden Wurfe der Karten.

Ängstlich läuft hier ein Dreiblatt herum und sucht den vierten Mann zur gewöhnlichen Unterhaltung; alle Winkel werden durchstrichen, und ist ihr Auge nicht vermögend, ihn aufzuspüren, so werfen sie sich verdrüßlich auf Lehnstühle neben andere schon etablierte Tische.

Kurz, du glaubst in der Gesellschaft täuschender Wachsfiguren zu sein, wenn du nach Jägers Garten gehst und in den Saal oder unter die aufgeschlagenen Zelter trittst.

So geht es von nachmittags zwei Uhr an, bis endlich um sieben Uhr die Lärmtrompete zur Tafel ruft. Keiner dieser steinernen Menschen hat während dieser Zeit auch nur einen einzigen Laut der wirbelnden Musik vernommen, kaum hat ein Freund den andern vorübergehend begrüßt, kaum hat man unter sich selbst vielleicht zwei Worte gewechselt, und wäre dies ja, so sind es doch nur elender Scherz und Muckerien für den, der verlor. Doch lebhafter wird während dem Essen die Unterhaltung. Witz und Laune kämpfen wechselseitig im angenehmen Gemisch; man bemerkt auf einmal wieder den angestammten heitern Frohsinn, man hört die drolligsten Einfälle und bedauert es, sie von Menschen zu hören, die vorher nur Geist und Sinn für Kartenspiel zu haben schienen. Wie angenehm könnten diese Menschen einen ganzen Zirkel unterhalten, indes sie die edlere Zeit mit den verworfensten Beschäftigungen töten, indes sie einen Geist schlummern lassen, der in sich so schöne Gaben entwickelt; indes sie ein Herz vergiften, das ursprünglich vielleicht von bessern Gefühlen so hoch schlägt!

Nie habe ich in Leipzig an öffentlichen Orten eine frohere, lustigere, munterere und heiterere Tischgesellschaft gefunden, als die ist, welche man im Jägerischen Garten gewahrt. Man sollte glauben, daß vorhergegangenes Spiel und der darin erlittene Verlust oder davongetragene Gewinn die Herzen bald niedergeschlagener, bald froher, freudiger und ausgelassener machen müßte; allein hier trügt alle Kenntnis des menschlichen Geistes, hier wird man an seinen lange bestätigten Erfahrungen irre, hier verzweifelt man an der Scharfsichtigkeit seiner Augen wie seiner Beurteilung, denn hier thront auf der

Stirn des Unglücklichen dieselbe ungetrübte Freude, die unverkennbar in dem Auge dessen sich spiegelt, dem die ganze Spielzeit über der Glücksstern lachte. Sind diese Menschen Helden geworden, und haben sie ihre Leidenschaften in einem magischen Bande, oder haben sie zur Fahne einer bei Spielern so seltenen Gleichgültigkeit geschworen; kurz, die Freude und der Jubel sind allgemein, keiner schließt sich aus, keiner macht den Sonderling, keiner wirft auch nur einen mißmütigen Blick, keiner spricht im Tone des Unzufriedenen, des Beleidigten, des durch Verlust Gebeugten, Gekränkten; nein, von aller Munde gehen nur Töne des innigsten Vergnügens aus, – man ist so herzlich, so vertraut, und freudeatmende Gesänge verraten das Wohlbehagen der Seele.

Zu mehrerer Aufmunterung hat die Gesellschaft ihre eigenen Lieder, und der Geist, der in ihnen herrscht, stimmt auch den Gleichgültigsten zur teilnehmenden Freude.

In dieser Hinsicht also würde selbst der feinste und der gebildetste Mann Veranlassung und Stoff genug zu unschuldigem Vergnügen und angemessener froher Unterhaltung hier finden, wenn ihn nur nicht so viel Nebenumstände abschreckten, diesen Ort zum Platze seiner Ruhe- und Erholungsstunden zu machen.

Zwar sieht der gebildetere Mann an andern Orten vielleicht Dinge, die sein Ehr- und Schamgefühl weit mehr beleidigen als der Anblick einer Menge, die nur allein für Spiel und Gaunerei zu leben scheint. Zwar findet er an so manchem Erholungsplätzchen des vornehmern Pöbels Dinge, welche hier fast gänzlich hinwegfallen. Zwar bemerkt er anderwärts zu seinem Abscheu freche Weiber und Mädchen schamlos umherlaufen und den Frieden und die Stille des Abends mit den schändlichsten Ausschweifungen und den empörendsten Auftritten entweihen. Allein die aufgeklärtere Welt oder der besser sein wollende Teil des hiesigen Publikums ist nun einmal weit geneigter, Greuel dieser Art zu verzeihen, als es ungeahndet zu lassen, daß man alle Ehre (?)* vergesse und sich unter einen Klub von Menschen begebe, die meistens von Spiel und Gaunerei leben oder wenigstens kein größeres Vergnügen kennen als Karten. Und daß freilich die mehresten der sich hier Versammelnden diesen Vorwurf verdienen, muß ich leider, so weh mir's auch tut, aus Überzeugung und eigener Erfahrung bestätigen.

Der größere Teil der Jägerischen Gesellschaft besteht aus Menschen, die bald mehr, bald weniger, im ganzen aber doch alle weiter nichts als Spieler sind. Zwar gibt es unter ihnen auch Professionisten, Künstler, Gelehrte und in öffentlichen Würden stehende Männer, denen man es gerade nicht schuld geben kann, daß sie ihre Zeit und Tage bloß mit Spielen

---

* Anmerkung des Setzers: Ich habe mir immer sagen lassen: in Leipzig wisse man längst schon von Ehre nichts mehr! Also doch noch Ehre?

verbrächten oder dies Werk gleichsam bis zur Profession trieben; allein sie sind doch darum schon nicht füglich und nicht ganz von jener niedern Klasse auszuschließen, weil sie nach vollendeten Geschäften nicht wie andere Vernünftige eine bessere, seelenvollere Erholung erwählen, sondern lediglich darum so ängstlich hierher eilen, weil ein unwiderstehlicher Drang sie zur Karte ruft. Sie sind schon zu tief eingeweiht in das Leidenschaftliche des Spiels, schon zu weit abgewichen vom Pfade der Natur, schon zu sehr abgestumpft für edlere Freuden und schon zu sehr entwohnt von erhabenern Gefühlen, als daß ihnen dies elende Einerlei nicht endlich zum Bedürfnis werden sollte. Die meisten trifft dieser Fall. Eher will ich es unternehmen, einen Schwelger vom Saufen als einen Jägerischen Gast vom Spiel zurückzubringen. Wer meine Behauptung übertrieben findet, darf nur einmal auch außer den Konzerttagen diesen Garten besuchen und das Treiben, Drängen und ungestüme Wogen mit ansehen, welches ganz unverkennbar und auffallend in aller Miene und ganzem Wesen dann sich zeigt, wenn etwa die tägliche Spielgesellschaft nicht sogleich vollzählig werden will. Alles läuft so ängstlich umher, läßt sich zu Bitten und Flehen herab, wirbt, wo nur zu werben ist, und will sich denn nach langem Harren und viel vergeblicher Mühe gar kein Spießgesell finden, so muß unverzüglich Wirt und Wirtin sich ins Mittel schlagen, sonst würde die ganze Rasse unaufhaltbar davonlaufen.

Was hat sich also der vernünftige Mann von solchen Aussichten zu versprechen? Er sitzt da verlassen und einsam, muß sich an elendem Biere erholen, geht drei-, viermal den ganzen Garten hindurch, sieht zwei, drei Minuten einem elenden Spiele zu und findet sich denn endlich ja ein noch Unangeworbener aus der Gesellschaft zu seiner Unterhaltung, so bemerkt er bei jedem Wort die unverkennbare Ängstlichkeit, mit welcher er nach allen Winken umhersieht, um bei einer frischen Partie ja nicht versehen zu werden; und was nützt mir ein Gesellschafter, der nicht mit ganzer Seele bei mir ist, dessen Gedanken geteilt sind, der nur zur Hälfte auf mich achtet und unterdessen auf ganz andre Dinge denkt? Wie in aller Welt soll eine Unterhaltung an Interesse und Lebhaftigkeit gewinnen, wenn ich im voraus sehe, daß der zweite nur gezwungen und ungern mir seine Aufmerksamkeit schenkt? Werde ich es nicht tief empfinden, wenn mitten im Strome der freien Ergießung ein dritter mir den Mann, mit dem ich eben so ganz in reine Harmonie verschmolz, impertinent von meiner Seite entreißt und zu einem Unding hinzieht, das der Vernünftige höchstens unter Dummköpfen – nur zuweilen aus Langerweile ergreift? Werde ich nicht verlassen dastehen und eine traurige Betrachtung über verschrobenes, übelgeleitetes, verstimmtes Menschengefühl anstimmen müssen, statt daß ich hoffte, für Herz und Geist Erholung zu finden? Wer verdenkt es noch dem vernünftigen Manne, daß er einmal nur sich täuschen läßt und einen Platz, wo er sowenig Erholung fand, mit dem festen Entschlusse verläßt, ihn nie wieder zu betreten?

Auch für gebildetere des zweiten Geschlechts ist hier sehr kärglich gesorgt, und sowenig es ihnen auch an Gesellschaftsdamen fehlen mag, so ist doch keine von der Art, daß ich sie, ohne mir eine Schmeichelei zuschulden kommen zu lassen, sicher empfehlen könnte. Die meisten sind Weiber solcher Männer, wie ich sie soeben geschildert habe, und daß sich von ihnen etwas versprechen lasse, wird wohl unter diesen Umständen so leicht niemand vermuten. Ihr Ton ist eigentümlich, nervös und kraftvoll; ihre Freundschaftsergießungen rüde und oft mehr noch als natürlich; ihre Einfälle strotzen von dem ekelhaftesten Witze, und ihre Erzählungen und Diskurse verbreiten sich, wenn's hochkommt, über Spiel und Komödie.

Die zweite Gattung derselben ist noch weit weniger empfehlenswert; sie besteht größtenteils aus abgelebten Dirnen, die nach überstandenen Wanderjahren endlich von einem Handwerker oder Künstler erlöset wurden und immer auch jetzt noch Huldigungen annehmen, wenn man sich nur die Mühe gibt, sie ihren verwelkten Reizen darbringen zu wollen. Sie sind gewohnt, sehr bald Ernst aus der Sache zu machen, und dann hat man von großem Glück zu sagen, wenn man sich noch mit einer guten Manier aus der Affäre zu ziehen vermag. Ihr Konversationston ist daher, wie natürlich, für die gebildetere Frau beleidigend, denn keine Tugend ist imstande, ihren groben Ergießungen einen Damm entgegenzusetzen.

Für keinen Menschen kann also dieser Garten einiges Interesse gewinnen als höchstens für den, der Spieler ist, für einen rohen unerfahrenen Jüngling oder für den ausgemachten Zotenreißer. Ich würde mir daher im voraus schon einen sehr übeln Begriff von der Denkungsart eines gebildeten Mannes oder von dem Charakter einer vornehmern Dame machen, wenn ich fände, daß sie diesen Ort zu ihrem Lieblingsplätzchen erwählt hätten. Ihn würde ich bedauren und sie verachten müssen. Allein sooft ich auch diesen Garten besucht habe, so muß ich doch frei gestehen, ich kam nie in Gefahr, weder zu dem einen noch zu dem andern aufgefordert zu werden, denn immer fand ich nur die gewöhnliche Gesellschaft der Gauner und Spieler.

Doch mehr noch als dies alles müssen den vernünftigen Mann gewisse Insekten diesen Ort verleiden, die man gewöhnlich Spieler und Gauner von Profession nennt, und für diese Ungeheuer ist denn Jägers Garten seit langer Zeit schon ein wahres privilegiertes Asyl. Man sieht zwar in Leipzig fast an jedem öffentlichen Orte dergleichen Geschmeiß, allein hier krübelt's von ihnen, und Jägers Garten scheint gleichsam die Niederlage dieser Rotte zu sein. Schon vom frühen Morgen an wird er von ihnen besucht, und fragt man sie nach der Ursach eines so zeitigen Zuspruchs, so braucht der eine Molken, der andere trinkt Bitterwasser, und der dritte will gar hier durch die Morgenluft seine zerrüttete Gesundheit reparieren, am Ende aber fehlt keinem etwas, denn dies Handwerk scheint seine Genossen recht gut zu ernähren, und alle kommen bloß darum so frühzeitig hierher, weil sie sich teils über Hand- und Kunstgriffe hier ungestört miteinander besprechen können, teils aber auch vielleicht einige junge Menschen auf der Spur haben, die frühmorgens in der Nachtmütze freilich besser noch zu fangen sind als abends oder nachmittags bei heiterm Kopfe und nüchternem Geiste. Den ganzen Sommer durch kann man nach Tische wenigstens die Hälfte von diesen Insekten hier finden, und an dem Konzerttage sind sie alle versammelt.

Nach dem Abendessen schimmert von fernher aus einer Stube des Vordergebäudes ein dämmerndes Licht, und dies ist denn für die Kundleute das Signal zum Faro. Wer die Schliche schon weiß, kömmt gar nicht eher als zu dieser Stunde hierher, geht dann die Treppe hinauf und findet schon die ganze noble Versammlung in voller Aktivität an ihrem Tische.

Zum Besten der Fremden, noch Unerfahrenen oder Feigen hat die Bruderschaft jahraus, jahrein ein eignes Subjekt in ihrem Beschlage, welches denn in der Dämmerung herumschleicht, denen, die etwa zaghaft nach dem erleuchteten Spielstübchen hinaufsehen, Mut macht; die noch ganz Unwissenden aber mit dieser neuen Entdeckung beschenkt und überhaupt alles zur Schlachtbank treibt, was unglücklich und einfältig genug ist, sich dahin führen zu lassen. Hat dies Ehrenglied nun den Vorgesetzten von seinen Werbeprogressen Rapport abgestattet und will sich niemand im ganzen Reviere mehr finden, so wird es dieser Charge entledigt und aus dem Werber auf einmal ein Spion. Als solcher wacht er nun wie Zerberus vor den Pforten der Hölle, damit die liebe Justiz nicht etwa ungebeten herbeikomme und einen kleinen Versuch mache, mit zu pointieren. Doch daß diese Wache nur pro forma ausgestellt werde, sollst du weiter unten erfahren. Denn daß der Höllenhund eigentlich keine so strenge Ordre auf diesem Posten habe, als man wohl glauben möchte, beweist sein öfteres Entschlummern. Während daher der Wächter schläft, könnten die Handhaber der Gerechtigkeit, wenn sie nur Lust hätten, wohl hundertmal eingefallen sein und die Bewachten samt dem Wächter arretiert haben.

Den Tag über hat dieser saubere Patron keine Rolle weiter, als etwa den vierten Mann zum Spiele abzugeben, anderer Leute Bier auszusaufen oder zuweilen den Hanswurst zu agieren. In alle drei Fächer paßt Herr Heyne (der werte Name dieses Ehrenmannes) ganz vortrefflich, denn im ersten helfen ihm seine meisterhaft geübten Finger, im zweiten seine stets durstige und ausgeweitete Gurgel und im dritten seine Glatze, die durch Lüderlichkeit und Ausschweifungen so kahlgeschoren ist, daß man glauben sollte, es wäre das schärfste Rasiermesser darübergeglitten. Für seine jedesmaligen Bemühungen erhält Heyne einen Taler acht Groschen, und die

Zehrung weiß er sich schon zu erschleichen; am Tage säuft er verstohlen alle ihm aufstoßende Krüge aus, und des Abends stiehlt er sich in die Küche zur Wirtin, küßt schmunzelnd das fettige Patschchen und bittet ganz untertänig um ein warmes Krautklößchen oder läßt sich wohl gar eine Portion frech an die große Tafel bringen – und für die Bezahlung den Wirt dann selbst sorgen. Seiner Profession nach ist Heyne ein gelernter Peruckenmacher, und jammerschade ist's um das Genie dieses verworfenen Kerls.

An andern Orten, wo Bank gemacht wird, sind immer nur ein oder zwei Interessenten dazu, allein zur Bank in Jägers Garten gehören deren wohl achte. Ich will hier unter diesen Leutchen einige Augenblicke Revue halten.

Das Oberhaupt, Herr Reinhold, darf sich schon seit langer Zeit an keiner Bank mehr sehen lassen, und ein zwischen den Füßen hangender ungeheurer Bruch ist das sichtlichste Zertifikat, daß er mit den abgeraspelten Fingern ehedem weit besser noch bedient haben müsse, als seine Pointeurs es eigentlich wünschten. Er wurde einst bei einem künstlichen Handmanöver ertappt, und die Feinde glaubten ihn für seine Verdienste mit einer kleinen Signatur regalieren zu müssen. Reinhold ist nach meinem Urteile der interessanteste Mann unter der Sonne, und wer den Versuch macht, sich mit ihm, es sei auch, worüber es wolle, zu unterhalten, wird schwerlich über Langeweile klagen. Er hat eine Beredsamkeit ohnegleichen und spricht über einen einzigen Gegenstand wohl mit zehnen und doch mit einem jeden auf andre Art. Im Spiel hat er sich schon ehedem ein artiges Kapitälchen erworben und ist nun damit sehr oft ein Succurs für adlige Verschwender. Er borgt, die Abzugs- und Einschreibegelder weggenommen, mit dreißig Prozent, und das schönste ist noch, daß er sich, wenn die Herren nach abgelaufenem Termin nicht zahlen wollen, nie aufs Klagen einläßt. Sein Sohn ist vor einigen Jahren zum Doktor Medicinae kreïrt worden und soll in seinem Fache nicht ganz gemeine Kenntnisse besitzen. Doch ist er ebenfalls großer Liebhaber vom Spiel, und Vater und Sohn haben Anteil an der Jägerischen Bank.

Ein dritter Unternehmer ist der sogenannte ›schwarze‹ oder schlechtweg ›Sticker-Richter‹. Seine Töchter (und deren sind eine ziemliche Partie) sollen sich, wie die Rathauszettel lauten, vom Sticken, Richter selbst aber von Kommissionsgeschäften nähren. An ersterem ist um so mehr zu zweifeln, da sie alle, von der kleinsten bis zur größten, in keinem guten Rufe stehen, und diesen Ruf darf man darum schon weniger für Verleumdung halten, weil sie einen Aufwand machen, den kein Stickrahmen hergibt, und überdem noch bei jeder Schmauserei tagelang bleiben, welches denn ebenfalls mit der gerühmten Stickerei sehr auffallend streitet. Daß sie sich aber beides, Staat und Aufwand, durch eigene Kräfte erwerben, wage ich nicht zu bezweifeln, und des Herrn Vaters Charakter scheint mir dafür genugsamer Bürge zu sein. Durch welche Kräfte aber dies eigentlich bewürkt werde, darüber sind nur wenig Stimmen noch geteilt. Mit den Kommissionsgeschäften des Vaters hat es ebenfalls eine ganz eigene Bewandtnis, und weder Emballierer noch Fuhrleute können sich erinnern, jemals von Richtern auch nur eine Schachtel in Besorgung erhalten zu haben, sowenig als die Postbücher erweisen wollen, daß je ein Schein über eingeschriebenes Gut an Richtern ausgestellt worden sei. Mit weit mehr Überzeugung und Gewißheit aber kann man behaupten, daß bloß Gaunerei und Spiel Richters Konsumtionen bestreiten und daß er ganz zuverlässig ewig hungern müßte, wenn er auf das Salarium warten wollte, das ihm seine Kommissionen einbringen sollen. Seine Sitten und sein Charakter sind über jede ehrenvolle Erwähnung erhaben. Mit Plump- und Grobheit verbindet Richter noch überdem eine ungemeine Malice und die den übrigen Spielern so eigene Gabe, launig und angenehm zu unterhalten, fällt bei diesem Manne gänzlich hinweg. Er ist unleidlich als Unterhalter und impertinent als Zuhörer. Auch im Spiel fehlt ihm die seinen Kollegen so wohl anstehende Generosität, dafür ersetzen aber die ausgelerntesten Spitzbübereien und ausgesuchtesten Kniffe den Mangel dieses eigentümlichen Vorzugs. Richter hat ebenfalls Anteil an oberwähnter Bank, und wenn er nicht abzieht, so macht er den Spion. Sein ältester Sohn hat seit einiger Zeit promoviert; die Hauptursache mag wohl auf den kühnen Versuch berechnet sein, eine reiche geistliche Schöne zu heben, die doch wohl am neuen Doktor mehr Gefallen finden wird als an dem dürren Licentiaten. Seine Examinatoren müssen auf jeden Fall den Gewinn von einem fetten Spielabende erhalten haben, sonst wüßte ich bei Gott nicht, wie sie einen Ignoranten hätten durchlassen können, der wahrlich von Medizin und Heilkunde ebensowenig versteht als der Prälat Burscher von der italienischen Buchhalterei.

Und solchen Stümpern, solchen elenden Pfuschern vertraut man, gewissenlos genug, das Leben, die Gesundheit und das Glück der Menschheit an! Kennt ihr Elenden wohl den Wert des Holdlautes: Mensch? Oder wenn ihr ihn fühlt und wollt freventlich seiner nicht achten – dann wehe euch!

Die beiden letzten (ob sie dies gleich noch nicht alle sind) mir noch bekannten Teilnehmer sind der Lieutenant Wolf und der Stabssekretär des hiesigen Regiments, dessen Name mir entfallen ist. Beide letztere mögen wohl unter allen Konsorten die kleinste Einlage haben, und aus Ursachen gebraucht sie die Brüderschaft zum Abziehen.

Das wären denn nun diejenigen Menschen, welche im Jägerischen Garten durchaus den Ton angeben, die Vergnügungen arrangieren und gebildetere Leute vertreiben.

Dem Wirt liegt wenig daran, welche Klasse von Menschen ihm die Ehre ihres Besuchs gibt, und fast glaube ich, ist ihm diejenige Gesellschaft, welche die Gauner und Spieler hierher locken, die liebste. Diese Art Menschen verdienen spielend ihr Auskommen und lassen daher auch wieder mehr aufgehen als andere, denen es saurer zu erwerben wird. Sie müssen oft halbe Nächte durchwachen, und da dergleichen Strapazen die Kräfte mitnehmen, so muß auch dafür gesorgt werden, daß wieder neue dazukommen, und Jägers Garten liefert die Beiträge.*

Man hat immer die Spieler nach dem Evangelio mit Lilien auf dem Felde verglichen, die nicht säeten, nicht arbeiteten und doch so wunderlich fortlebten; allein man irrt gewaltig in seiner Behauptung. Käme einer von den Herren, die bisher diese Vergleichungen machten, nur ein einziges Mal an einem Spieltag in Jägers Garten und sähe Reinholds oder Richters Maschinerien, wahrlich, er würde von seinem Irrtume zurückkommen und augenblicklich widerrufen. Die guten Leute müssen ebenso wie jeder andere laufen und rennen, ehe sie ernten, und gewiß

---

* Anmerkung des Herausgebers: Man hat berechnet, daß die Einnahme für Kartengeld allein – jährlich wenigstens 800 Taler betrage. Weit entfernt, diese Angabe für übertrieben zu halten, glaube ich vielmehr mit Recht, sie noch weit höher ansetzen zu können. Durch das ganze Jahr hindurch sind gewiß in Jägers Garten oder im Winter auf dem Kaffeehause täglich wenigstens zwölf Spieltische im Gange; und nun rechne für jeden nur 6 Groschen Kartengeld (viele müssen 8 Groschen geben), so hast du, den Sonntag noch abgerechnet, jede Woche achtzehn Taler,

preßt es manchem Prediger bei weitem nicht soviel Angstschweiß aus, eine verwilderte Seele zur Buße zu leiten, als es Reinhold Mühe und Überredung kostet, ein oder das andere unschuldige Opfer zur Schlachtbank zu führen. Ja, wenn er freilich zu seinem Adjutant Heyne sagen könnte: den, welchen ich küsse, greif und bring herauf: so wäre das Spiel eine gar herrliche Sache. Dann dürften sie nur einmal bei einer Illumination oder Vogelschießen die fettesten Prisen in Beschlag nehmen, und sie hätten gewiß nicht nötig, je wieder zu spielen. Allein dergleichen exekutive Manœuvres fallen nur höchstens dann vor, wenn eine Rotte betrunkener Hallenser sich einfindet und kaum mehr auf den Füßen stehen kann; dann zeigt sich aber auch Reinholds Spekulationsgeist in seinem ganzen Umfange. Schon oft hat die Erfahrung bestätigt, was ich jetzt sagte. Und hiermit glaube ich denn auch die Frage: warum kommen so wenig gebildete, vornehme Leute hierher?, genugsam erörtert zu haben, und die wenigen Lücken mag

---

schreibe 18 Tlr., macht auf's Jahr 864 Taler. Allein füglich kann man 1000 Taler rechnen, denn schon nachmittags von zwei Uhr an geht die Gaunerei ununterbrochen fort bis abends nach elf Uhr. Welch ein ansehnliches Mietgeld werden nun vollends die Kommerzianten für ihre Stube zahlen müssen. – Nein, nein! Die Gäste mögen herkommen, wo sie her wollen: so viel bringen sie doch nicht ein als eine Rotte Menschen, von denen die meisten bald mehr, bald weniger – Spieler sind.

sich der Sachkundige durch eigene Erfahrung ausfüllen.

Allein, lieber Baron, nun sehe ich im voraus, du wirst eine neue Frage an mich tun: warum mischt sich die Obrigkeit nicht in so gefährliche Dinge, und warum sieht sie gelassen zu, daß Ungeheuer das Mark ihrer Bürger aussaugen und Leipzig mit einem so häßlichen Schandfleck beschimpfen?

Abgerechnet, daß zwar der hiesige Rat sich sorgfältig und genau um das Gewerbe und die Abgaben jedes seiner Untergebenen bekümmert; so ist ihm doch im Gegenteil ohnmöglich zuzumuten, daß er in eigner Person alle Löcher durchkrieche und die Greuel aufdecke, die er so herzlich gern verbannen möchte, wenn sie ihm nur alle wissend wären. Um aber doch in jeder Rücksicht seinem Amte und seiner Pflicht Genüge zu leisten und wenigstens zu einer oberflächlichen Notiz solcher strafbaren Vergehungen zu gelangen, hat er wohlweislich einigen seiner Subalternen neben ihrem Amte noch die große Pflicht auferlegt, über dergleichen Dinge sorgfältig zu wachen, sich genau und umständlich von der wirklichen Existenz derselben, womöglich in persona, zu überzeugen und sie dann gewissenhaft, ohne Rücksicht auf Stand und Würde, unausbleiblich anzuzeigen.

Dieser Vorschrift nun treulich nachzuleben, halten diese Herren aber meistens nur dann erst für Pflicht und Schuldigkeit, wenn die Unternehmer der Banken nicht daran dachten, sie unter der Hand durch ein Röllchen Dukaten von dieser Obliegenheit wohlmeinend zu entbinden. Dann hört man freilich wohl zuweilen: Herr Dressler sei vergangenen Abend in diesen oder jenen Keller gefahren, habe die Bank aufgehoben und die Pointeurs samt dem Bankier arretiert. Die ganze Stadt sagt sich's aber auch zugleich laut ins Ohr, daß es gewiß nicht geschehen sein würde, wenn Wirt und Bankier nur klüger gewesen und dem Herrn Notario noch zeitig genug wenigstens auf der Hälfte des Weges mit einigen blinkenden Empfehlungsstücken entgegengeeilt wären. Die Herren sind ja menschlich, und das Unglück ihrer Mitbrüder geht ihnen zu Herzen; wer verdenkt es ihnen bei so weichen Gefühlen, daß sie lieber ein Weniges mitnehmen als der Obrigkeit denunzieren und gar nichts bekommen? Die meisten Wirte, die Bänke dulden, wissen auch schon solche Vorsichtsregeln und machen ihre Bankiers in Zeiten damit bekannt, daß sie dann vor jedem Überfalle sicher sind. Dann könnte aber auch selbst der Stadtrichter sagen: auf der ›Lilie‹ oder im ›Helme‹ ist Bank; so kömmt doch Dressler immer wieder mit der Nachricht zurück: »Ich habe nichts gefunden, alles bloß Verleumdung, der Herr Stadtrichter können auf mein Wort trauen.« Auf diese Art sind besonders in den Messen wohl dreißig Bänke in Leipzig, allein wenn nicht etwa ein Ratsgeist selbst an eine verloren hat, so wird im ganzen Leben keine aufgehoben, und die Herren sitzen so ruhig in ihren Gaunerlöchern als der Professor in seinem Studierstübchen.

Wer wird nun wohl noch zweifeln, daß die Bankiers in Jägers Garten nicht ebenfalls diese als probat anerkannten Mittel benutzen und sich so vor Überfällen und Denunziationen sichern sollten? Allein um ganz sicher zu gehen, hat man hier noch einen andern Weg eingeschlagen.

Wie bekannt, haben die Türsteher auf dem Rathause zu Leipzig bei weitem nicht das unbedeutende Ämtchen, das eigentlich ihr Name verspricht; das Beispiel eines Rosenkranzes, der selbst Minister und Bürgermeister in seinem Letzten Willen bedachte, hat uns längst eines Besseren belehrt. Ob nun gleich sein Nachfolger, Herr Vollbrechtshausen, die Allgewalt nicht mehr hat, mit welcher sein sauberer Vorgänger sich beglückt sah, so muß er aber doch immer auch noch gewisse Privilegia genießen, die zuweilen sogar solche Gesetze annullieren können, welche dem das Zuchthaus zuerkennen, der das Familienregister seiner Schwägerin mit einem verbotenen Beitrage vermehrte! Diesen liebreichen Mann hat sich nun die Jägerische Brüderschaft so zu eigen zu machen gewußt, daß er ihrer Zunft gleichsam ein Panier ist, an welchem alle Pfeile der Anklagen und Denunziationen abprallen. Vollbrechtshausen steht mit dem Gerichtsfrone auf einem solchen Fuß, daß er ihm etwas Weniges von seinen Messe- und Weihnachtsgeschenken abgibt; überdem aber ist er bei allen Schmäusen und Fressereien der Gesellschaft als Gast, und auch an Konzerttagen geht er frei aus. Freilich mag wohl die Unterhaltung dieses Schutzgeistes der Gilde sehr hoch zu stehen kommen, allein was tut man nicht alles um seiner Sicherheit willen! Wie mancher der saubern Interessenten wäre nicht vielleicht längst schon im Zuchthause und könnte den Züchtlingen in grauem Habit die Handgriffe des Spiels lernen, wenn nicht Vollbrechtshausen wachte! Man hält ihn daher sehr warm, und der schwarze Richter nennt ihn zum Überfluß noch ›Herr Vetter‹ – wo aber diese Verwandtschaft eigentlich herstamme, ist bis jetzt noch ein Rätsel.

Viel über Herrn Jägers (Wirt) Charakteristik zu sagen, erlaubt mir der beschränkte Raum dieser Blätter nicht; vielleicht kommt in einem zweiten Bändchen der Nachtrag. Doch muß ich kürzlich noch so viel erwähnen, daß Jäger das Glied einer Familie ist, die einander unterstützt und aushilft, wie wenig Verwandte es tun. Schröder, Hildebrand, Jäger und Treiber sind Schwäger, und ein fünfter, der Advokat Neubert, ist erst neuerlich dazugekommen. Man hat ihm eine Predigerwittib aufgeschmiert und benutzt seine ausgebreitete Bekanntschaft zum Geldnegozieren. Doch soll er sich jetzt mit seiner Gattin im ehelichen Bett besser befinden als mit seiner dürren finnigen Haushälterin ehemals im unehelichen. Wegen seiner unbestechlichen Rechtschaffenheit ist Neubert allgemein geschätzt; doch etwas weniger thüringische Politesse könnte nichts schaden!

Ich empfehle mich deiner fortdauernden Freundschaft.

v. N. N.

Interlocut

Aller angewandten Mühe ohnerachtet, wird es mir dennoch nicht möglich, die gesamten Nachrichten des Herrn v. N. N. zu einem einzigen Bande zu verkürzen; und so unangenehm es mir auch immer ist, das Publikum nicht auf einmal befriedigen zu können, so muß ich doch auch endlich dem Wunsche des Verlegers nachkommen, der mich jeden Augenblick zum Schlusse mahnt.

Damit die Leser doch aber auch sehen, wie Herr v. N. N. die hiesigen Hotels, Kaffeehäuser und Weinkeller behandelt, so will ich noch kürzlich von jedem derselben eine kleine Probe beifügen; doch wird man mir vergeben, wenn die Nachrichten darüber um des Raums willen etwas gedrängt ausfallen sollten. Ich verspreche hierbei nochmals im voraus, daß das zweite Bändchen mit so viel artigen Dingen ausgespickt sein wird, daß es wohl schwerlich jemand ohne Staunen, Verwunderung und Lächeln aus den Händen legen dürfte. Dabei werde ich denn freilich nach Maßgabe meiner Quellen etwas allgemeiner als im ersten Bande sprechen müssen, doch um der Verständlichkeit willen trage man ja ja keine Sorge. Dunkelheit und Verschleierungen waren durchaus des Herrn v. N. N. Sache nicht, und mir wird es wohl auch niemand zumuten, daß ich geflissentlich vermummen sollte.

Und hieran geschieht denn nun mein ernstlicher Wille und Meinung; und wollet ihr es achten.

Ernestus Gotofredus
Lagophthalmus

Zwanzigster Brief

Mit den hiesigen Hotels, lieber Baron, sieht es jetzt sehr kläglich aus. Der ›blaue Engel‹ ist aufgehoben, das ›Joachimstal‹ seinem Ersterben sehr nahe, das ›Hôtel de Bavière‹ nur für solche zu empfehlen, die schlecht bedient sein und sich prellen lassen wollen; die ›Stadt Berlin‹ kaum einer vorübergehenden Erwähnung wert und das ›Hôtel de Saxe‹ fast das einzige noch, das man wirklich respektabel nennen könnte.

Die Periode, in welcher die Emigrierten vor einigen Jahren haufenweis zu uns herausströmten, gab allen hiesigen Gasthäusern und namentlich dem ›Hôtel de Saxe‹ einen ganz neuen ungewohnten Schwung, und die feisten Äbte trugen das Ihrige nicht minder dazu bei, daß die Wirte ihre alten Schulden tilgten. Die geistlichen Herren liebten die Ruhe, und da eben damals sehr wenig Ruhe in Leipzig war, so mußten sie, um nicht aus der Routine zu kommen, die ihrige sehr teuer erkaufen. Manchem frommen Abbé kostete daher die Ruhe eines Tages und einer Nacht oft mehr noch, als jetzt das ganze Beichtgeld ausmacht, das ein Leipziger Honoratior seinem Seelsorger jährlich entrichtet, und unter einem Dukaten kam wenigstens keiner davon. Mit wieviel bangen Seufzern wünschen die hiesigen Hotelisten diese goldene Periode zurück.

Vor allen andern aber hatte das ›Hôtel de Saxe‹ das öftere Glück eines unter diesen Umständen nicht seltenen vornehmen Besuchs, und Fürsten, Kurfürsten und Grafen nahmen meistenteils in diesem Hause ihr Quartier. Die Summen, welche dadurch gewonnen worden sind, müssen beträchtlich sein; dies beweisen so manche ganz unverkennbare Dinge.

Allein ich wüßte auch weit und breit unter den öffentlichen Häusern keines, in welchem man so bequem, so reinlich und kommode wohnen könnte und in welchem man in jeder Hinsicht eleganter, angemessener und prächtiger bedient würde als eben in diesem. Die Stuben sind geräumig, schön ausmöbliert und zu jeder Bequemlichkeit ganz vortrefflich angelegt. Die Markörs und Lohnbedienten sind abgerichtet wie die Jagdhunde, und es ist, als witterten sie schon den entferntesten unserer Wünsche.

Die Messen über wimmelt dieses Haus von vornehmen Herrschaften, und des Abends wird auf dem Saale offne Tafel mit Musik gehalten – ein Vergnügen, dem selbst viel hiesige Kaufleute beiwohnen und das ich jedem empfehle, der Lust hat, ungeniert zu speisen. Alles ist heiter und vergnügt, von steifem Wesen sieht man hier gar nichts, und oft werden ein adeliger Baron und ein armer Student bei dieser Gelegenheit die innigsten Freunde. Dies Vergnügen verdankt man lediglich dem Geiste des Wirts.

Die Mittagstafel ist schon etwas steifer, doch nirgends kann man kostbarer speisen als hier, und am

Weine wird selbst der Rheinländer zum Zweifler, wo er ihn besser getrunken habe, ob in seinem Vaterlande oder in Leipzig bei Ernsten.

Das einzige will ich noch zur Empfehlung dieses Ortes hinzufügen, daß man sich durchaus nicht über Prellereien beklagen darf.

Auch wurden hier zuweilen des Winters Bälle gegeben; da sie aber meistens sehr unruhig abgelaufen sind und sich gar bisweilen mit Prügeleien geendigt haben, so werden sie vermutlich in der Folge unterbleiben.

Das einzige, was dem ›Hôtel de Saxe‹ noch abgeht, ist die wenige Stallung, ein Hindernis, woran so manche durchreisende Herrschaft sich stößt. Das ›Hôtel de Bavière‹ ist in dieser Hinsicht besser bedacht.

Nie habe ich einen feinern und artigern, nie einen offenern, aufgeklärtern und gefälligern, nie einen aufgewecktern Mann, nie einen hellern Kopf gefunden, als wirklich der Wirt dieses Gasthofes, Herr Ernst, ist. Ganz ist dieser geschmeidige Mann zum Wirte geboren, und vergebens wird man in halb Deutschland noch seinesgleichen suchen. Durch ihn kam dies Hotel in Aufnahme, und ob er gleich nur mit sehr wenigem anfing, so hat er doch jetzt fast alle seine Schulden getilgt, macht ein ansehnliches Haus und zeigt sich seinen Gästen beim Frühstück als den heitersten und unterhaltendesten Mann. In dem Streben nach Verbesserung hat ihn zugleich seine vortreffliche Gattin auf das tätigste unterstützt, und ihr verdankt er die Aufrechterhaltung seiner Wirtschaft.

Ernst war von jeher ein großer Kenner und Liebhaber des Carnes femininae, und das Studium desselben kostet ihm manchen schönen Kremnitzer und – manche schöne Stunde, die er seiner Wirtschaft raubte.

Dame Obermann war diejenige Glückliche, in welcher sich zuerst Ernsts sämtliche Wünsche vereinigten; er sparte weder Kosten noch Zeit, um sich seiner Huldin so gefällig als möglich zu machen, und sie – beschenkte ihn zuweilen mit Verlagsartikeln ihres Mannes, mit seidenen Westen und Strümpfen. Der Tod trennte dies festgeknüpfte Band der innigsten Freundschaft, und als Ernst die Trauerpost vernahm, sah ich seine hochroten Wangen zur Farbe des Leilachs erblassen!

Die Zeit gießt lindernden Balsam in jede unserer Wunden, und diesmal war die Destillateur Kreischin bestimmt, Mitgehülfin an diesem beglückenden Werke zu werden. Zum Schauplatze der ersten Ergießungen wurde die bekannte Milchinsel erwählt, in der Folge aber glaubte man ein verstecktes Agieren schon weniger nötig zu haben und ließ sich's daher auch auf dem heimischen Sofa gefallen. Die Dankbarkeit reichte der Schwarzmacherin Matins und Saloppen.

Allein unter allen schien es dennoch einem Schokoladen-Mädchen vorzüglich aufbehalten zu sein, Ernsts fernerweitigen Progressen auf dem Felde der

Liebe ein förmliches Garaus zu machen, und daß das Schicksal ihr diese Rolle wirklich übertragen habe, beweist das immerwährende Achselzucken der Ärzte, die, wie Ernst sagt, auf hämorrhoische Anfälle kurieren. Allein Sachkundige schütteln mit dem Kopfe und wollen von einem Geschenke Witterung haben, womit die gerühmte Schokoladen-Schöne ihren Anbeter beehrt hätte und welches denn auf dem Empfänger alle die übeln Wirkungen gemacht habe, die sich jetzt am Patrimonio und an der Urinblase äußern.

Auch spricht man schon von garstigen Kathetern, und da wir wohl schwerlich hienieden jemals eine Flasche wieder miteinander werden leeren können, so nehme ich mir die Freiheit, dir gute Nacht zu wünschen, lieber Ernst! Ach, gäbe es doch jenseits auch noch liebende Dirnen wie hier! Mit diesem sehnlichsten aller Wünsche beschließe ich gegenwärtigen Brief.

v. N. N.

Einundzwanzigster Brief

Was eigentlich ein Kaffeehaus sein sollte und was es sein kann, bewies vor Zeiten das bekannte Richterische; allein seit dem Ersterben desselben ist keines in diesem Geiste wieder aufgestanden, und die meisten, die wir jetzt noch unter diesem Namen kennen, verdienen kaum jene Benennung.

Ehedem gingen die angesehensten Männer der Stadt auf Kaffeehäuser und besprachen sich daselbst über die interessantesten Dinge. Seit man aber angefangen hat, sich in lauter geschlossene Zirkel zu drängen, seitdem eine seichtere Unterhaltung die interessante verdrängt hat, seitdem der soliden Männer täglich weniger werden, seit die Natur vor der Konvenienz entflohen ist und der Mann lächerlich wird, der es wagt, ein Herz zu haben, seitdem man von lauter Rücksichten spricht, indes kein Mensch mehr vor sich sieht; und dann – seit die Freigeister (homunculi, quanti estis?) überall den Ton angeben – seit dieser traurigen Periode haben auch jene Orte, von denen ich eben jetzt spreche, alles Interesse verloren und besitzen nur für einige wenige noch – anziehende Kraft.

Kaffeehäuser sind nicht mehr die Plätze, wo der ernstere Mann Erholung suchen kann – sie sind herabgesunken zu den elendesten Spiellöchern. Wo sich der rohere Mensch erst vergnügt, da vergeht schon dem gebildeteren alle Lust, seinen Geist zu erheitern!

In den einsamen, stillen Zimmern, wo man sonst sich über die wichtigsten Angelegenheiten des menschlichen Lebens besprach, brüllt jetzt der rüde Musensohn sein wildes Gaudeamus. An dem Tische, an welchem sonst eine Gesellschaft der angesehensten Kaufleute die wichtigsten Betrachtungen über politische oder Handelsverhältnisse machte, sitzen jetzt vier jubelnde Ladendiener und spielen Solo. In der einen Ecke flegelt sich ein Dreiblatt der ekelhaftesten Zotenreißer, und in der andern machen vier ein Mecklenburgisches Wappen, dampfen aus ungeheuren Ulmern und – gähnen!

Unter allen Leipziger Kaffeehäusern ist das Klassigsche noch immer das respektabelste, und wär's auch nur an Größe. Allein von dem Richterischen bleibt es doch nur ein ganz schwacher Schatten und kommt mir gerade vor wie eine etwas mehr als gewöhnlich große Bierkneipe.

Dem, der hier Unterhaltung sucht, wird die Zeit lang, denn wer nicht selbst spielt (und deren sind leider nur wenige hier), sieht doch wenigstens dem Spiele zu. Man setzt sich hin, schluckt ein, zwei Bouteillen Bier, einer nimmt dem andern das Geld ab, und nach elf Uhr geht man wieder zu Hause.

In der Messe hält Signor Lange* hier Bank, und dann wird es noch lebhafter.

Umsonst würde der Wirt sich bemühen, bessere

Gesellschaft und bessern Ton einzuführen; es gibt zuviel räudige Schafe unter der Herde, und Klassig läßt daher das Werk in seinem alten Gleise.

Bleib in Berlin, lieber Baron, und geh in ein Bordell – du wirst dich in dem schlechtesten angenehmer divertieren als in Leipzig in dem besten Kaffee hause. Leb wohl.

v. N. N.

---

* Anmerkung des Herausgebers: Jammerschade um diesen sonst wirklich edeln Mann, daß er immer noch von einem Gewerbe leben muß, das ihm zur Schande gereicht! Lange hat schon einigemal um ein öffentliches Amt sich beworben, allein man schlug jedesmal dies ehrenvolle Gesuch unter allerlei nichtigen Vorspiegelungen ab und zog ihm vielleicht einen Kerl vor, der von seiten des Herzens und Kopfs kaum verdiente, Langes Schuhriemen zu lösen! Wenn wird man doch endlich einmal anfangen, dem unglücklich geleiteten Genie aufzuhelfen; und wenn wird der Staat weniger verblendet für sein eigenes Interesse – sich Männer verbinden, denen die Natur so viel schöne himmlische Anlagen gab und die man leider darum für so gefährlich hält, weil sie in einer Pflanzschule kultiviert wurden, in welcher Spekulation und Raffinerie die Edukationsräte sind. Allein man reiße nur diese Menschen (besonders wenn sie wie Lange ihr Geschäft nur gezwungen noch und aus Not treiben) aus ihrem Strudel und gebe ihnen durch ein kümmerliches Amt nicht aufs neue Veranlassung zu neuen Spekulationen, und ich wette hundert gegen eins, der Staat hat an ihnen die vortrefflichsten, nützlichsten, tätigsten und treuesten Glieder! Oder sehen dergleichen Männer euch etwa gar zu helle, ihr Edeln und Hochweisen?

Zweiundzwanzigster Brief

Nichts findet man hier häufiger als sogenannte Weinkeller. Statt über der Erde zu bleiben, geht man lieber unter dieselbe und schluckt elenden Wein und faule Dünste hinunter. Doch hört man aus diesen Grüften herauf nicht so arg das Gebrüll betrunkener Wüstlinge, und dann dankt der bessere Mensch für die Einrichtung solcher Gräber.

Einigen von ihnen hat man den Namen der Italiener-Keller gegeben, weil meistens italienische Kaufleute ihr Unwesen darin treiben. Füglicher sollte man sie Giftkeller nennen, denn hier wird wohl so leicht kein reiner Tropfen geschenkt, und schon so mancher trank sich daselbst einen siechen Körper auf lange Jahre hinaus. Die Obrigkeit soll über dergleichen Niederträchtigkeiten und freventliche Verletzungen aller Menschenrechte wachen; allein sie läßt sich, wie fast überall, also auch hier, die Augen verbinden, bleibt stundenlang an guten Fässern sitzen und – zieht sich endlich wohl selbst mit dem Heber ein Räuschchen. Oft wäre es dann nötig, die Visitatoren selbst zu visitieren. Wie man doch so abscheulich mit Gesetzen und Menschenleben spielt!

Noch ist hier ein besonderer Weinkeller, der dem Rat eigentümlich gehört und welcher dadurch schon vor allen übrigen den Vorzug erhält, weil kein verfälschter Wein darin geduldet wird. Die jetzige Pächterin, Madame Stade, ist sehr arg wegen ihres keuschen Wandels verschrien. Schon bei Lebzeiten ihres Mannes liebte sie die Verändrung sehr stark; nach seinem Tode ging die Sache noch frischer, und auch jetzt noch sollen zwei Tabakshändler ihre Leibesangelegenheiten besorgen. Doch bürge ich nicht ganz für die Echtheit dieser Sage.

Die Demoiselles Töchter sind meistens alle von der Natur nicht übel versehen, und ihre Hochzeitgelenke haben schon von früher Jugend an sehr stark herhalten müssen. Sie sind zwar meistens alle von alten Liebhabern in Beschlag genommen worden und leben mit diesen auf echt-ehelichem Fuß, allein auch gegen andere sollen sie nicht so unerbittlich sein, als man wohl glaubt, und in den Messen wenigstens geht es sehr scharf her.

Die Mutter, weit entfernt, dergleichen Verhältnisse zu mißbilligen, ist herzlich froh, wenn andere sie der Pflicht überheben, für die Unterhaltung ihrer Lieben zu sorgen. Doch die Versorger halten gewöhnlich nicht gar zu lange auf ihren Posten aus, denn die Mädchen mögen ihnen wohl etwas zu öftere Veranlassung zum Sorgen geben, da sie, wie bekannt, große Freundinnen von Mode und Verschwendung sind.

Die Jüngste tat vor einigen Jahren ihre erste Ausflucht und koste mit einem lustigen Magister. Allein zum Unglück war er verheiratet, und die eifersüchtige Ehefrau versengte ihrem Mann und ihrer

Nebenbuhlerin – beiden am Konsistorialfeuer, die Flügel.

Die Älteste hat sich vor einiger Zeit aus dem Joche der Jungfrauschaft (?) begeben und den an der Freischule angestellten Direktor Plato geheiratet. Die ganze Stadt sagt laut, daß doch endlich einmal zwei recht Unschuldige zusammengekommen wären. Am Hochzeittage präsentierte Herr M. Brunner folgendes interessante Gedicht:

Dem Griechen Plato war die Lieb ein ernste Sache;
Doch wie ein Leipzger Plato liebt,
Dem man die Jugend hier zur Unterweisung gibt –
So – liebt der Sperling auf dem Dache!

Und hiermit, lieber Baron, erlaube, daß ich meinen Brief schließe und mich deiner unwandelbaren Freundschaft empfehle.

v. N. N.

Nötige Erinnerung, zum neunzehnten Briefe

Eben da ich schließen will, schreibt mir mein Freund S. aus Leipzig die verbürgte Nachricht: Jägers Garten habe eine totale Metamorphose erlitten, und (viel Ehre für den Besitzer) das Kommerzianten-Geschmeiß werde sich, da Jäger durchaus seine Einwilligung zu fernerem Bankhalten versage, gänzlich von hier wegwenden müssen. Mit Vergnügen will ich daher im voraus schon meine Angriffe zurücknehmen, nichts mehr wünschen, als daß Jäger auch in der Folge die Eingebungen eines so guten Geistes auf sich wirken lasse, und schlüßlich einen Stoßseufzer zum Himmel schicken, daß auch die übrigen Wirte in Leipzig den verjagten Gaunern ihre Türen verschließen.

L.

Leipzig im Taumel um ein Buch

Das Jahr 1799 war für den Magistrat der kurfürstlich-sächsischen Messestadt Leipzig kein gutes Jahr. Man hatte lokalpolitischen Ärger wegen eines Buches, das unter den Ladentafeln der Buchhändler aufgetaucht war, den pikanten Titel ›Leipzig im Taumel‹ trug und die wohltemperierte äußere Ruhe der Stadt störte, weil es durch sehr indiskrete Enthüllungen die bessere Bürgerschaft in helle Aufregung versetzte. Der Verfasser muß das vorausgesehen haben, denn er trat unter dem Pseudonym Ernestus Gotofredus Lagophthalmus auf. Das geschah aus Vorsicht und war programmatisch zugleich, bedeutet doch Lagophthalmus ›Hasenauge‹; und bekanntlich ist ja der Hase ein sehr wachsames Tier, das seine Umgebung sehr genau beobachtet und deswegen sogar ›mit offenen Augen‹ schlafen soll.

Daß die wachen Beobachtungen, die Ernst Gottfried Hasenauge in seiner Schrift geschildert hatte, die Hunde, um im Bild zu bleiben, getroffen hatten, so daß sie bellten und beißen wollten, dürfte den Leser nicht verwundern. Die Folge war, daß die kurfürstlich-sächsische Bücherkommission der Stadt unter der Leitung des Herrn Dr. Ecks (wer die bissigen Bemerkungen über diese Institution und diesen Herrn Ex, wie ihn der Verfasser auch bezeichnet, vergessen hat, der schlage im neunten und fünfzehnten Briefe nach) eingriff, das heißt, man suchte zuerst die Bücher einzuziehen, um ›größeres‹ Unheil von der Stadt abzuwenden. Die Konfiskation beim Buchhandel ergab 304 Exemplare, etwa die Hälfte der Auflage. Danach begab man sich auf die Suche nach dem ›verbrecherischen‹ Verfasser, und zu dem konnte man nur über den Verleger oder Drucker, was zu damaliger Zeit oft dasselbe war, gelangen. Er hieß, wie man bald recherchiert hatte, Johann Wilhelm Cramer, war aber, als man zur Haussuchung schritt, augenblicklich nicht zu Hause. Auf Befragung im Hause Cramers leugneten vom Lehrling bis zur Hausfrau alle, das inkulpierte Buch jemals gesehen oder gelesen, geschweige denn gedruckt zu haben. Pech für den Buchdrucker und unklug war, daß er 116 Exemplare in einem Schrank hinter alten Kleidern versteckt hatte. Cramer wurde der Prozeß wegen Verbreitung von Schmähschriften wider den hohen Rat und die Bürgerschaft der Stadt gemacht, wofür er mit empfindlicher Geldstrafe und Gefängnis zu büßen hatte.

Cramer gab im Prozeß zu Protokoll, das Manuskript von ›Leipzig im Taumel‹ sei ihm von einem gewissen August Maurer zum Druck übergeben worden und er hätte es angenommen, weil er Schulden hatte. Als der Ratsbüttel (auch er hatte, wie sich der Leser erinnern wird, im Buch einige harte und entblößende Hiebe einzustecken) die Wohnung des besagten Maurer aufsuchte, hatte der ›Hase‹ das Weite

gesucht. Alle Nachforschungen waren erfolglos, denn auch des Maurer Frau wußte nichts über den Verbleib ihres Mannes.
Über die Person des Autors ist aus der Kriminalakte, die im wesentlichen das Verfahren gegen den Buchdrucker wiedergibt, wenig zu erfahren. Lediglich ein Brief, neben anderen kleinen Notizen des Ratsschreibers, aus dem Jahre 1797 liegt den Akten bei, den des Autors Vater, Salomo Maurer, aus Rettgenstädt (dort könnte die Familie herstammen) an seine ›liebste Frau‹ Schwiegertochter geschrieben hatte, gibt einige wenige Auskunft. Vater Maurer beklagt darin, daß sein Sohn (er mußte damals etwa 30 Jahre alt gewesen sein), mit dem er sich 24 Jahre doch solche Mühe gegeben hätte, in Leipzig einen so liederlichen und ausschweifenden Lebenswandel führt und trotz eindringlicher väterlicher Mahnungen nicht die geringste Lust zu irgendeinem Amte verspüre; und er fügt hinzu, daß er es seiner Schwiegertochter nicht übelnimmt, wenn sie sich scheiden läßt. Zum Verständnis sei gesagt, daß sie Besitzerin eines Gutes im Dorfe Eutritzsch bei Leipzig war und ihren Mann wegen dessen Lebenswandels im Rathaus angezeigt hatte.

Für alle, die in Leipzig schmutzige Westen hatten und im Buch mit Namen und Hausnummer erwähnt worden waren, muß dies ein sehr wichtiges Schriftstück gewesen sein, um in der Öffentlichkeit von sich abzulenken und den Verfasser des Buches als bösartigen Schmäher und unmoralischen Menschen hinzustellen.

Um die Blößen wieder zu bedecken, ließ man sich eine Gegenschrift zu ›Leipzig im Taumel‹ einfallen – selbstverständlich in Form einer Wortmeldung eines empörten Lesers. Diese erschien denn auch Anfang des Jahres 1800 (im Spätherbst 1799 hatte der Prozeß gegen Cramer stattgefunden) in Erfurt (?). Dieser Pamphletist nun gab sich als ehemaliger Leipziger Bürger aus, der zwar seit Jahren im thüringischen Winkel von Groß-Sömmerda lebte und dort das Ende seiner Tage verbrachte, der aber seine alte Heimatstadt so innig liebte, daß ihm bei der Lektüre von ›Leipzig im Taumel‹ schlichtweg die Galle übergelaufen sei und er sich zu seiner Philippika ›Über Pasquille und Pasquillanten Unfug (bei Gelegenheit einer erst neuerdings in Leipzig unter dem Titel: ‚Leipzig im Taumel' erschienenen Schmähschrift. Von August Maurer)‹ entschlossen hatte.

Erstaunlich in diesem Zusammenhang ist, daß sich die Autorschaft des Maurer so schnell bis Groß-Sömmerda herumgesprochen haben sollte. Dieser würdige und sein Leipzig so liebende Herr – seinen Namen verschweigt er uns – versucht nun, en détail ›die nackte Menschennatur‹ aller Schmäher überhaupt, der über Leipzig insbesondere und vor allem die des Herrn Maurer wie ›in einem optischen Guckkasten‹ zu entlarven. Zuerst werden die Zeitläufte für alles Schmähen verantwortlich gemacht, wo ›jeder Weise und Narr über Aufklärung, über Besserwerden und über Veredelung des Menschengeschlechts jauchzt‹. Danach brandmarkt er den Neid

Fremder auf eine so aufstrebende und blühende Stadt wie Leipzig (Maurer hatte zu Recht das Gegenteil behauptet und die Gründe in der politischen Verfassung Kursachsens und in den billigen englischen Industriewaren gesehen), der zum Schmähen anregt, bis er zuletzt über Herrn Maurer zu Gericht sitzt. Trotz aller anfänglichen Beteuerungen, dessen Buch sachlich zu widerlegen, reißt ihn die Heimatliebe zu Ausfällen hin. Er nennt Maurer einen ›Epikureer‹, einen ›Schweinigel … mit einäugiger Sehkraft‹, einen ›lüsternen Wollüstling … mit fehlender Lokalkenntnis‹ und im übrigen (jetzt spricht er in der Mehrzahl) ›fühlen wir selbst, was uns noch fehlt, und lassen uns von einem Schwachkopfe nicht gern an unsere Mängel erinnern, denn wir arbeiten ja schon längst, auch ohne des Verfassers Antrieb, an ihrer endlichen Verbesserung‹.

Das war im Klartext Eingeständnis, daß Maurers Berichte der Wahrheit entsprachen, und zugleich Drohung, daß jede Kritik an den Verhältnissen verfolgt würde. Wer hier wirklich ›Pasquillanten-Unfug‹ trieb, beweisen diese wenigen Zitate zur Genüge. Maurer jedenfalls war es nicht. Mit seinen sozialkritisch-literarischen Reportagen – und nichts anderes ist ›Leipzig im Taumel‹ – war er etwas, das es in Deutschland bislang kaum gegeben hatte: politischer Journalist. Und was ihn mit seinem Leipzig-Buch dazu machte, war sein Thema, sein Standpunkt, sein Anliegen und seine Sprache. Thema ist die sozialpolitische, kulturelle und moralische Physiognomie einer deutschen Großstadt, eingefangen in einem Augenblicksbild, einem Schnappschuß von typischer Bedeutung; Standpunkt der eines kritischen Beobachters, der intimer Kenner der Verhältnisse ist und der, weil ihm die Stadt am Herzen lag, und dies wäre schon sein Anliegen, Mißbräuche aufdeckt, um zu verändern. Nichts Allgemein-Menschliches oder Ewiges sollte in fein gedrechselter Sprache dem Publikum vorgelegt werden, nein, die Texte verfolgten den operativen Zweck, mit Hilfe der gesprochenen Sprache genau, farbig und auch ironisch den Alltag widerzuspiegeln, um unterhaltend zu erregen, zu belehren und Gegenwärtiges zu bessern.

Mit Maurer betreten wir die Stadt Leipzig durch das Hallische Tor, müssen uns dort von der Zollinspektion visitieren lassen, erleben den Messetrubel mit seinen Verkehrsproblemen und das Nachtleben der Stadt, werden aufgeklärt über den kommerziellen Niedergang der Messen und dessen Gründe, schauen indiskret in die Leipziger Lust- und Lasterhöhlen, wohnen Theater- und Konzertaufführungen bei und sehen die besseren Leipziger Bürger in den gastronomischen Einrichtungen Revue passieren.

Das alles ist plastisch gezeichnet, ja förmlich zu riechen und zu hören. Und daß da ausschließlich die Wahrheit ans Licht kommt, können wir dem Herrn Maurer-Hasenauge wohl glauben, denn er muß ja auf Grund seines ›lüderlichen und ausschweifenden Lebenswandels‹ die Szene gekannt haben.

Eberhard Wesemann

Abellino: Bezug auf den Straßburger Historiker Johann Philippe Abelin (gest. 1636).
absolvieren: lat., freisprechen.
abusive: lat.-frz., widerrechtlich, sprachwidrig.
accompagnieren: frz., begleiten, passen.
ad protocollum: lat., zu Protokoll.
ad Serenissimum: lat., hier: ›zum allerhöchsten Rat der Stadt‹.
affrös: frz., häßlich, abscheulich.
Air: frz., Ansehen, Haltung.
Akkord: frz., Zugeständnis.
Antidotum: grch., Gegenmittel, -gift.
Assemblee: frz., Gesellschaft, gesellige Zusammenkunft, Versammlung.
augmentieren: frz., vergrößern, vermehren.
Avancement: frz., Beförderung.
avertieren: frz., ankündigen, anzeigen.
Avertissement: frz., Ankündigung, Anzeige.

Bankier: im Glücksspiel der Bankhalter.
Bouteille: frz., Flasche.
Breihan: eigtl. Breuhahn, eine Art Weißbier.

Cajus: bei Rechtsstreitigkeiten für eine fingierte Person gesetzt.

Carnes femininae: lat., weibliches Fleisch.
Chapeau: frz., Tänzer.
Charge: frz., Amt.
cicisbeo: ital., in Italien Ehrenkavalier, ständiger Begleiter einer verheirateten Dame.
Citationsgeld: Vorladungsgebühr.
Conduite: frz., Aufführung, Anstand, Betragen.
consilium abeundi: lat., Aufforderung zu verschwinden.
conversus: lat., kirchlicher Überläufer.
cum uxore deformi: lat., mit unförmiger Ehefrau.
Curas grillasgue: lat., Sorgen und Grillen.

Defensor: lat., Verteidiger.
deferieren: lat., zuschieben.
Defraudation: lat.-frz., Betrügerei.
Deklamation: lat.-frz., Vortrag.
deklarieren: lat.-frz., äußern.
Desperation: lat., Verzweiflung.
Dimission: lat., Entlassung, Abschied.
Diskur: frz., Rede.
divertieren: frz., sich vergnügen, unterhalten.
Divertissement: frz., Vergnügen, Unterhaltung.
dominio: lat., Besitzer, Herrschaft.
Dominium: lat., Eigentum.
Donna: span., Anrede für eine Dame.

Emballier: frz., Packer.
Enveloppen: frz., Frauenmantel.
Equipage: frz., Pferd und Wagen.

ergo vivamus, dum licet esse bene: lat., Also laßt uns leben, solange es gut zu gehen vermag.
eschappieren: frz., entwischen.
Examinator: lat., Prüfer.
exceptio non adimpleti contractus: lat., Einwendung wegen nicht erfüllten Vertrages.
exequieren: lat., Befehle ausführen.
Exklamation: lat.-frz., Ausruf.
extemporieren: lat., aus dem Stegreif sprechen.
extendieren: lat., ausdehnen.
Exzeption: lat.-frz., Ausnahme.

Faro: auch Pharo, Pharao; das verbreitetste Hasardkartenspiel im 18. Jahrhundert.
Ficke: Tasche, Geldbeutel.
fidem pastoralem: lat., hier: Treu und Glauben.
Filuterie: frz., Gaunerei.
Fiskal: lat., Steuereinnehmer.
Fiskus: lat., Kasse, Steuer.

Galanthomme: frz., Ehrenmann.
Gaudeamus: lat., Laßt uns also fröhlich sein (Beginn und Name eines alten Studentenliedes).
Geldnegozieren: dt.-frz., Geldgeschäfte treiben.
Gesundheitsmultum: Mulltuch.
gradatim: lat., allmählich.

Hautboisten: Oboenspieler.
homunculi, quanti estis?: lat., Menschlein, was für welche seid ihr?

honoratior (Honoratior): lat., vornehm (der Vornehme).
hujus: lat., des laufenden Monats.

Inculpant: lat., der Beschuldigte.
in me tota ruit Venus: lat., die ganze Liebe ist in mir zusammengebrochen.
in optima forma: lat., in bester Form.
in proverbio: lat., sprichwörtlich, im Sprichwort.
Inscription: lat., Inschrift.
Inspirierter: lat., Begeisterter, Gottbegeisterter.
Institution: lat., Belehrung.
Invitation: frz., Einladung.
Invitator: frz., Einlader, Ermunterer.

jus sanctum et inviolabile: lat., heiliges und unverletzliches Recht.

Kanaille: frz., nichtswürdiger, schlechter Mensch.
Kariolchen: frz., eigtl. Karriol; leichtes, zweirädriges Fuhrwerk.
Kneller: schlechter Rauchtabak.
Kommerzium: lat., Geschäft.
kommod: lat., bequem.
Kommodität: lat.-frz., Bequemlichkeit, Gemächlichkeit.
kondemnieren: lat., verurteilen.
Kondition: lat.-frz., Bedingung.
konferieren: lat.-frz., verleihen, übertragen.
konigt: schal.

Konsistorial-: lat., zur kirchlichen Oberbehörde gehörend.

Konsumtion: frz., Aufwand.

kontribuieren: lat.-frz., Steuern zahlen.

Konvenienz: lat.-frz., Anstand, Übereinkunft, gesellschaftliche Rücksicht.

krübeln: kribbeln, kitzeln.

Kruditäten: lat.-frz., unverdauliche Dinge.

Laubtaler: deutsche Bezeichnung für den französischen ›écu de six livres‹; das Geldstück hatte belaubte Lorbeerzweige im Gepräge und galt in Deutschland, wie überhaupt außerhalb Frankreichs als sehr wertvoll.

Leilach: Bettuch, Leintuch.

Licentiat: lat., Doktoranwärter.

Liquidation: frz., Abrechnung.

Liquidum: lat., Honorar.

Lomber: span., eigtl. L'hombre; verbreitetes Kartenspiel.

Machination: lat.-frz., List.

Malice: frz., Bosheit, Arglist.

Markör: frz., Kellner.

Matin: frz., weiter Männermantel.

memorieren: lat., auswendig lernen.

Muckerie: Scheinheiligkeit, Groll, Intoleranz.

mundus vult decipi – ergo decipiatur: lat., Die Welt will betrogen sein, darum sei sie betrogen.

Nachthabitern: dt.-frz., Nachtkleider.
nemo omnibus horis sapit: lat., niemand weiß zu allen Stunden.
Neologus: lat., Neuerer.
Noblesse: frz., Adelsstand.

obiter: lat., beiläufig.
Observanzen: frz., Beobachtungen.
odiös: frz., verächtlich.
opus suctorium: lat., Saugwerk.
Ordre: frz., Befehl, Auftrag.

Pandekten: grch., Aussprüche, juristische Gutachten.
Patrimonio: lat., Zeugungsorgane.
peppichter: klebriger.
per jocum: lat., auf scherzhafte Weise.
per pedes Apostolorum: lat., hier: barfüßig.
per vota: lat., durch Abstimmung.
Petit maître: frz., Stutzer.
Pöbel: lat.-frz., hier: Bevölkerung, Stadtbewohner.
Pointeur: frz., Mitspieler, Gegenspieler.
pointieren: frz., beim Glücksspiel ›auf eine Karte setzen‹.
Politesse: frz., Höflichkeit, Feinheit.
Portechaise: frz., Sänfte.
Posterior: lat., Hintern.
pränumerando: lat., mit Vorauszahlung, vorausbezahlend.
Präsumtion: lat.-frz., Einbildung, Erwartung.
Prätension: lat.-frz., Anmaßung.

Profession: frz., Beruf.
Professionist: frz., der, der einen Beruf oder ein Handwerk ausübt.
prolongieren: lat.-frz., verlängern.
publice: lat., öffentlich.
Publizität: lat.-frz., Öffentlichkeit.
puris naturalibus: lat., in ungeschminkter Natur, nackt.

Quodlibet: lat., Gemisch.

raffinieren: frz., ausklügeln.
Raisonnement, Räsonnement: frz., Vernunft, ausführliche Darstellung.
Redoute: frz., Schanze.
regalieren: frz., bewirten.
rekommandieren: frz., empfehlen.
Relation: lat.-frz., Bericht.
relegieren: lat., entlassen, verbannen.
renunzieren: frz., entsagen, verzichten.
respektive: frz., beziehungsweise.
responsabel: frz., verantwortlich.
Rudera: lat., Ruinen.

Salar (-ium): lat., Bezahlung, Sold.
Saloppen: frz., schmutzige Kleider.
salvo jure: lat., unbeschadet seines Rechts.
sans façon: frz., eigtl. ›sans façons‹, ohne Umstände.
sans gêne: frz., zwanglos.
sans pareille: frz., ohnegleichen.

Sedes consuetas: lat., hier: Stammsitze.
Signatur: lat., hier: Siegel.
Signoria: ital., in Stadtrepubliken und großen Städten die herrschenden Patrizier.
Skarteken: schlechte Schriften oder Bücher.
solenn: lat., prächtig.
solenniter zelebrieren: lat., prächtig feiern.
speculatores substituti: lat., stellvertretende Späher.
Sporteln: Nebeneinkünfte, -gebühren, Schreibgebühren.
statu integro: lat., in unversehrtem Zustand.
sub hypotheca: lat.-grch., unter Verpfändung.
sublunarisch: lat., unter dem Mond seiend.
Succurs: lat., Beihilfe, Beistand.

Tapet: (auf das – kommen): grch.-lat., zur Sprache kommen.
Tempe: grch., Wonnegefilde.
Titius: bei Rechtsstreitigkeiten für eine fingierte Person gesetzt.

Ulmer: Pfeife.
unanimiter: lat., einmütig, einstimmig.

Valete et favete linguis: lat., nehmt Abschied und hütet die Zungen.
variatio delectat: lat., Abwechslung ergötzt.
veritabel: frz., wahrhaft.
Viole: lat., Veilchen.
Visitator: lat., Durchsucher.

vulgo: lat., im gemeinen Sprachgebrauch.
vulva integra: lat., unversehrtes weibliches Geschlecht.

Wieke: Docht, Lunte, Scharpie.
Wiener Chaise: leichter Wagen mit Verdeck für zwei Personen.
wudeln: hier: gedeihen.

Zarre: zänkisches, keifendes Weib.
Zertifikat: lat., Zeugnis.
Zertifikation: lat., Beglaubigung, Bescheinigung.
Zotologenunterhaltungen: hier ironisch: Zoten erzählen.